Contes et Légendes
du temps
des Pyramides

À ma fille Ghislaine,
en souvenir d'une enfance
peuplée de contes.

Collection dirigée par Elisabeth Gilles Sebaoun

CHRISTIAN JACQ

Contes et Légendes du temps des Pyramides

NATHAN

Le pharaon Djéser et la crue du Nil

Le pharaon Djéser et la crue du Nil

Le pharaon Djéser était triste et inquiet. Assis sur son trône, seul dans le palais silencieux, il se demandait comment lutter contre le malheur qui accablait l'Égypte.

Depuis sept ans, la crue du Nil était insuffisante. Le flot ne montait plus, à partir de juillet, et ne donnait pas assez d'eau au pays pour irriguer les terres cultivables. Jusqu'à présent, les réserves accumulées dans les greniers royaux avaient permis au pharaon de nourrir son peuple ; mais, en cette septième année de mauvaise crue, ils étaient vides.

Août commençait, et le fleuve demeurait désespérément bas, plus bas encore que les années précédentes.

Les enfants pleuraient, les jeunes hommes gémissaient, les maîtresses de maison n'avaient plus de force, le cœur des vieillards était las, les paysans contemplaient d'un œil éteint leurs champs desséchés, dans l'incapacité d'agir ; chacun s'asseyait sans parler, les jambes repliées, la tête vide. Même les courtisans se trouvaient dans le besoin ; demain, même les riches ne mangeraient plus à leur faim. Les temples fermaient les uns après les autres, car les prêtres n'avaient plus d'offrandes à présenter aux divinités.

Le Nil refusait de féconder la terre d'Égypte. Le pays aimé des dieux n'allait-il pas disparaître ?

Un seul homme pouvait aider Djéser : son ami et Premier ministre Imhotep, à la fois architecte, médecin, magicien et astrologue. Imhotep découvrirait la raison pour laquelle la crue refusait de se produire.

– L'Égypte est en grand danger, dit le roi à Imhotep ; si le Nil ne nous accorde pas ses bienfaits, nous mourrons de faim.

– La consultation des livres sacrés nous donnera peut-être une réponse.

– Hâte-toi, mon ami ; chaque jour qui passe nous conduit au désastre. Il faut découvrir l'endroit où naît le Nil et quelle puissance divine est responsable de la montée des eaux.

Imhotep se rendit à Hermopolis, la ville de Moyenne-Égypte où se dressait le grand temple de Thot, dieu de la Connaissance et patron des scribes. Le Premier ministre du pharaon entra dans la salle des archives, consulta les plus anciens documents relatifs à la crue du Nil et revint au palais royal, porteur de plusieurs papyrus qu'il déroula devant Djéser.

– Depuis la naissance de notre civilisation, révéla Imhotep au roi, tu es le premier pharaon à t'intéresser à ce mystère et à vouloir percer le secret des flots du Nil.

– As-tu découvert l'endroit où il naît ?

– Ces textes le dévoilent : il y a une île au milieu du Nil, tout au sud de l'Égypte, et son nom est Éléphantine. Elle est le commencement du commencement. Là, pour la première fois, la lumière divine est apparue, quand elle décida de donner la vie à tous les êtres. C'est pourquoi le Nil prend naissance à cet endroit, dans deux cavernes, les deux mamelles qui offrent toutes les richesses terrestres. Au moment voulu, le Nil y redevient un jeune homme plein d'ardeur qui bondit vers les rives pour les féconder.

– Quel est le gardien de ces cavernes ? demanda Djéser.

– C'est le dieu Khnoum, à tête de bélier, qui crée tous les êtres sur son tour de potier. Il s'est installé à Éléphantine et a placé ses sandales sur le flot du Nil. Tant qu'il ne lèvera pas les pieds, la crue restera prisonnière. Khnoum est l'éternel qui tient le verrou des portes de la vie et de la mort ; il les ouvre à son gré. C'est lui qui a dénombré les terres fertiles de Haute et de Basse-Égypte, qui fait pousser le blé, naître les pierres dures dans les carrières pour bâtir les temples, et croître les pierres précieuses dans le ventre des montagnes. Grâce à lui prospèrent les animaux et les plantes.

– Que faut-il faire pour convaincre le dieu Khnoum de libérer le flot de la crue ?

– Sur l'île sont conservées une palette de scribe et une corde d'arpentage. Cette dernière sert à mesurer les champs de sorte qu'aucun propriétaire ne soit lésé lorsque la crue a déplacé les bornes qui les séparent ; mais pour satisfaire le dieu, il faudra d'abord rédiger la prière qui lui convient. Aussi le matériel d'écriture est-il indispensable. Mais le texte de cette prière, nul ne le connaît.

– Je me rends immédiatement à Éléphantine, décida Djéser. Ce texte, je dois le découvrir afin de sauver mon peuple.

Sur l'île du début de la création, Djéser trouva la corde d'arpenteur et la palette de scribe. Aussitôt, il implora le dieu Khnoum.

– Pour toi, Khnoum, j'ai ordonné que des processions s'organisent dans tout le pays et que chacun se purifie ; nous t'offrirons ce qui nous reste, nos dernières réserves de pain et de bière, nos dernières volailles. Sauve tes enfants, Khnoum, car ils te vénèrent comme je le fais moi-même.

La prière du roi fut vaine. Le dieu demeura silencieux.

Djéser ne quitterait plus cette île jusqu'à ce qu'il ait obtenu satisfaction. Sans cesse, il s'adresserait à l'invisible, avec la ferme intention de modifier le destin. Et si la mort devait être la sanction de son échec, il aurait au moins rempli sa fonction de pharaon en luttant jusqu'au bout.

Vaincu par la fatigue, le roi s'endormit. Il n'était plus triste ni angoissé, car il connaissait son devoir et l'accomplirait sans faillir.

Dans la paix de son sommeil, le dieu Khnoum lui apparut.

Debout, le dieu était immense, et ses yeux perçaient l'âme. Djéser éleva les mains en signe de respect, et le dieu lui parla sur un ton amical.

– Je suis Khnoum, ton créateur ; donne-moi l'accolade fraternelle afin que ma magie te protège et que tu demeures bien portant.

Le dieu et le pharaon s'embrassèrent ; Djéser n'éprouvait aucune crainte.

– Que se passe-t-il, mon frère Djéser, pourquoi fais-tu appel à moi avec tant d'insistance ?

– Je suis inquiet pour mon pays et pour mon peuple.

– Tu as raison de l'être ! Je t'offre de nombreux matériaux pour construire des temples et façonner des statues, mais qu'en fais-tu ? Il faut restaurer les monuments anciens et en construire de nouveaux. L'Égypte ne doit pas s'endormir sur ses succès et se contenter de ses richesses, mais continuer à honorer les dieux et à déchiffrer l'invisible. Et c'est au pharaon de montrer l'exemple. Tu connais à présent les raisons de ma colère.

– J'ai organisé des processions pour célébrer ta puissance et je te fais offrande de nos ultimes nourritures.

– Tu suis le bon chemin, Djéser ; mais sais-tu bien qui je suis ?

– Tu es le maître du Nil et de la fécondité de notre terre.

– Je suis celui qui crée ce qui est, le maître de l'énergie qui circule dans tout l'univers et qui existe depuis l'origine des temps. Sur cette terre, je deviens le Nil. Sais-tu où il prend sa source ?

– Dans deux grottes placées sous ton contrôle.

– Où sont-elles situées ?

Pharaon n'avait pas droit à l'erreur. De la justesse de ses réponses dépendait la survie de l'Égypte. Djéser fit appel à l'intuition de son cœur.

– Ces deux grottes se trouvent dans le sanctuaire secret de ton temple, caché sur cette île.

– Une porte empêche les humains d'avoir accès à mon sanctuaire, répondit le dieu Khnoum, car leur curiosité et leur avidité feraient mauvais usage du secret qu'ils y découvriraient. Mais pour toi, parce que tu es le serviteur des dieux et de ton peuple, j'accepte d'ouvrir cette porte et de libérer le flot du Nil. Il irriguera les rives et les champs, fera prospérer l'Égypte, remplira les narines de joie ; tant que les pharaons sauront me parler, il n'y aura pas d'année où l'inondation sera trop faible. Chargées de pollen, les fleurs s'épanouiront ; la déesse des Moissons fera pousser le blé et des millions de nourritures rempliront les ventres. La terre resplendira de bonheur et l'on rira dans chaque maison. Viens avec moi, mon frère.

Le dieu prit Djéser par la main et l'emmena au fond des deux cavernes où gisait le Nil endormi, sous la forme d'un serpent que Khnoum immobilisait sous ses sandales.

— Es-tu prêt à édifier mon temple sur l'île du début du monde ?

– Je ferai appel à mon maître d'œuvre Imhotep, promit Djéser, et ton sanctuaire conservera à jamais le secret de la crue du Nil.

Khnoum souleva ses sandales.

Le serpent se transforma en un jeune homme athlétique, à la tête couverte de roseaux, qui plongea dans l'eau stagnante et la transforma en un flot bondissant.

Djéser se réveilla.

Autour de lui, un grondement étrange. Le roi se leva et vit le Nil monter, coulant à vive allure comme une source abondante. La crue venait de renaître !

Aux pieds du roi, sur la tablette de scribe, un texte avait été gravé de sa main : une prière à Khnoum, cette prière qu'il ne faudrait jamais oublier pour éviter la famine et le malheur.

Le jour même débuta la construction d'un grand temple dédié à Khnoum ; sur ses murs serait écrite, en hiéroglyphes, la prière dont la puissance déclencherait, chaque année, la montée des eaux. Et Djéser fit graver son aventure sur un rocher de l'île d'Éléphantine, afin que les marins et les voyageurs se souviennent de la présence invisible, mais éternelle, du maître de la crue.

Un chien pour l'éternité

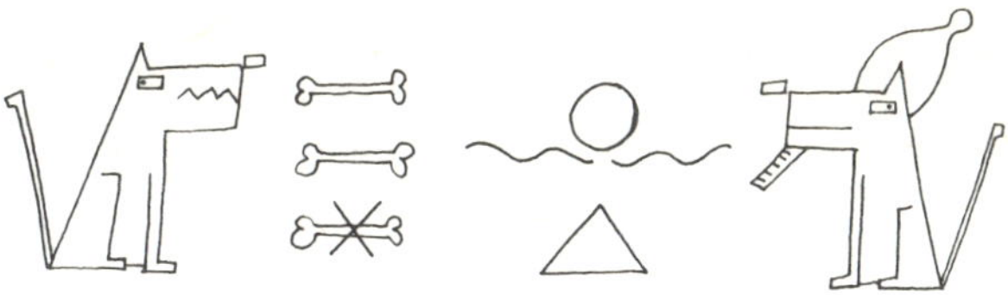

Un chien pour l'éternité

Iris, mère de trois enfants, deux garçons et une fille, était la meilleure boulangère du village ; certes, toutes les maîtresses de maison savaient fabriquer du pain, mais aucun n'avait le goût du sien. Iris tenait la recette de sa mère, qui la tenait elle-même de son arrière-grand-mère. Et les miches rondes, dorées à point, croustillantes, faisaient la joie de la famille et des amis proches.

Les dieux avaient accordé beaucoup de bonheurs à Iris : un mari facteur, des enfants obéissants et travailleurs, et un magnifique chien noir, Œil-vif, dont l'intelligence forçait l'admiration des villageois.

Œil-vif avait une passion pour les galettes tièdes, surtout quand Iris les remplissait de fromage et de fèves. La queue battant à vive allure, les yeux attentifs, il regardait avec amour sa maîtresse faire la cuisine et ne manquait pas une occasion de la goûter.

Excellent gardien, Œil-vif veillait à la fois sur la maison et sur les enfants ; aussi Iris pouvait-elle laisser sa porte ouverte sans crainte d'être volée et confiait-elle au chien noir le soin d'accompagner les enfants lorsqu'ils allaient jouer sur la place du village. Et quand ils se lançaient une balle en tissu, Œil-vif n'était pas le moins maladroit ; souvent, d'un bond puissant, il s'en emparait et ne la redonnait pas facilement, sauf lorsque la fillette, Mouty, lui faisait les yeux doux.

Œil-vif participait aux bagarres entre garçons, mais appréciait davantage le charme de la fillette ; elle seule avait le droit de le caresser à tout moment.

Cet après-midi-là, Iris nettoyait la chambre des garçons, partis pêcher avec leur père. Mouty jouait avec une poupée faite de chiffons multicolores, Œil-vif dormait sur le seuil de la demeure.

Le chien noir grogna.

Intriguée, Iris abandonna son balai et alla voir ce qui se passait. Œil-vif ne se manifestait jamais à la légère.

Ce dernier s'était levé. Les pattes raides, la queue en panache, le poil hérissé, il montrait les dents face à une vieille femme mal vêtue.

– Je suis veuve, dit-elle à Iris, et le maire ne m'a pas encore versé la pension qui me revient. C'est pourquoi je n'ai pas mangé depuis deux jours. Accepteriez-vous de me donner un peu de pain ?

– Bien sûr ! Entrez donc.

Œil-vif grogna de plus belle. Et quand la vieille femme voulut franchir le seuil, il aboya furieusement.

– Tais-toi ! ordonna Iris.

Le chien n'obéit pas et continua à aboyer.

– Mais qu'est-ce qui te prend ? Faire la charité est un devoir, et nous n'avons rien à craindre de cette personne.

Comme Œil-vif devenait de plus en plus menaçant, Iris agrippa son collier, écarta le chien et permit à la visiteuse d'entrer. Puis elle referma la porte.

Dehors, Œil-vif persistait.

– Je ne comprends pas, dit-elle à la vieille dame ; c'est un chien très calme, d'ordinaire, et il se montre particulièrement gentil avec nos hôtes.

– Ce n'est pas bien grave... Je ne lui en veux pas.

– Quelques galettes vous satisferont-elles ?

– Vous êtes très généreuse... Les dieux vous seront favorables.

– Attendez-moi un instant : je vais vous les chercher.

Lorsqu'elle revint avec les galettes, Iris trouva la vieille femme en compagnie de la petite Mouty ; elle coiffait sa poupée avec un minuscule peigne en bois.

– Comme elle est jolie, cette fillette... Avez-vous d'autres enfants ?

– Deux garçons.

– J'ai eu des enfants, moi aussi, mais ils sont morts. Et aujourd'hui, je suis seule, toute seule. Par bonheur, il y a des gens comme vous, qui ne laissent pas les malheureux à l'abandon.

Iris était très émue.

– Revenez demain, je vous donnerai du pain et des gâteaux.

– Oh, je ne voudrais pas vous déranger !

– J'ai la chance d'avoir une famille heureuse ; acceptez mon aide.

– Je vous ai déjà assez ennuyée... Merci pour tout.

Après avoir embrassé la petite Mouty sur le front, la vieille femme sortit de la maison, pendant qu'Iris retenait Œil-vif qui n'avait pas cessé d'aboyer une seule seconde.

Excédée, Iris allait donner une claque sur les fesses du chien, lorsqu'elle fut intriguée par la silhouette vacillante de la vieille femme.

Non, ce n'était pas possible... Pourtant, Iris ne se trompait pas : celle qui s'éloignait avait des yeux dans la nuque !

– Revenez, cria Iris, revenez !

Mais la vieille disparut en un instant, comme si elle n'avait jamais existé.

Iris pâlit.

La mort... C'était la mort qu'elle avait vue ! D'après les légendes que racontaient les Anciens, elle apparaissait ainsi, avec des yeux derrière la tête, car elle voyait à la fois dans ce monde et dans l'autre. Et quand elle venait embrasser un enfant, elle lui infligeait un baiser qui le faisait passer de l'autre côté.

Iris frissonna, le chien noir s'engouffra dans la maison.

– Non... Oh non !

Paniquée, Iris courut jusqu'à la chambre

de la petite Mouty. Évanouie, la fillette était étendue sur le dos ; Œil-vif lui léchait doucement les joues, comme s'il avait la capacité de la ranimer.

Iris prit son enfant dans ses bras.

– Ma chérie, ma pauvre chérie... Ah, si je t'avais écouté, Œil-vif ! La mort ne serait pas entrée chez moi... Maintenant, Mouty nous quitte et elle ne reviendra plus.

Assis sur son derrière, le chien noir fixa Iris avec intensité. Les yeux noisette de l'animal flamboyèrent : une force surnaturelle l'habitait.

– Que veux-tu me dire, Œil-vif ?

Le chien se dirigea vers le seuil de la maison, s'arrêta et se retourna vers sa maîtresse.

– Tu veux... que je te suive ?

Œil-vif hocha la tête affirmativement.

– Mais... Ma fille... Je ne peux pas l'abandonner !

Iris serra tendrement la petite Mouty contre sa poitrine et suivit le chien noir qui sortit du village et prit la direction du désert, alors que le soir tombait.

– Où vas-tu, Œil-vif ?

Le chien prit soin de progresser lentement, de sorte que sa maîtresse ne s'essoufflât pas. Quand les pieds nus d'Iris foulèrent le sable, elle prit peur. S'aventurer dans le désert, loin des cultures, c'était affronter un monde dangereux, peuplé de démons et de fantômes ; des bêtes ailées, armées de griffes meurtrières, ne s'attaquaient-elles pas aux imprudents ?

– Arrête-toi, Œil-vif, et rentrons chez nous ! Il n'y a plus rien à faire.

Le chien tourna de nouveau la tête vers sa maîtresse ; dans la nuit naissante, ses yeux avaient un éclat argenté.

Fascinée et tremblante, Iris avança. Sous

la lueur de la lune montante, elle discerna la colline dans laquelle avaient été creusés de très anciens tombeaux que plus personne ne visitait depuis longtemps.

C'était bien vers ce vieux cimetière que le chien se dirigeait.

– Non, pas là-bas, Œil-vif ! C'est interdit !

Cette fois, Iris s'immobilisa. Elle n'irait pas plus loin.

Le chien revint vers sa maîtresse, mordilla le bas de sa robe et la tira vers la colline. Œil-vif avait tellement de force que la femme fut incapable de lui résister.

L'animal n'hésitait pas sur le chemin à suivre ; on aurait juré qu'il connaissait le moindre pouce de terrain et que le vieux cimetière était son domaine depuis toujours.

La gorge serrée, Iris se laissa guider vers le fond d'un tombeau dont les murs de pierre étaient couverts de peintures représentant les gardiens de l'autre monde.

Œil-vif sauta sur le couvercle d'un sarcophage en bois et prit la position du sphinx, le poitrail bien droit, les pattes tendues devant lui. Dans ses yeux, une étrange lumière.

Subjuguée, tenant bien serrée sa fillette qui ne respirait plus, Iris recula d'un pas ; son chien lui parut soudain immense, comme s'il avait triplé de volume.

– Œil-vif, c'est toi... C'est bien toi ?

– Mon nom est Anubis. Je suis le dieu chacal qui connaît les chemins de l'au-delà et conduit les justes jusqu'au paradis.

– Anubis... Aide ma petite fille, je t'en prie !

– La mort est venue lui voler son âme, mais mes aboiements l'ont empêchée de terminer son sinistre travail. As-tu confiance en moi ?

– Que dois-je faire ?

– Ouvre le coffre qui est au pied du sarcophage, prends le papyrus qui s'y trouve et accroche-le au cou de ta fille.

– Sera-t-elle sauvée ?

Le chacal Anubis demeura silencieux. Iris s'approcha et constata qu'il ne s'agissait plus de son chien, mais d'une statue en bois peint et doré.

Dépitée, Iris ouvrit pourtant le coffre et accrocha au cou de Mouty un petit papyrus sur lequel avaient été écrits des hiéroglyphes qu'elle ne comprenait pas.

Ces paroles magiques allaient-elles ramener Mouty à la vie ? Hélas, Iris constata qu'il n'en était rien. La fillette demeurait inerte.

Anubis... Une simple sculpture sans pouvoir !

Découragée, Iris sortit du tombeau avec sa petite fille dans les bras. En rentrant chez elle, il lui faudrait révéler la terrible vérité à son mari et à ses fils.

Mais où avait disparu Œil-vif ? Tout cela n'était qu'un cauchemar... Hélas ! la vieille femme avait emporté avec elle la petite Mouty.

Chez Iris, il y avait de la lumière ; son mari et ses fils étaient rentrés.

– Pourquoi me portes-tu dans tes bras, Maman ? Je voudrais marcher.

C'était Mouty qui venait de parler... Mouty vivante, bien vivante !

– Ma chérie ! Comment te sens-tu ?

– J'ai bien dormi. Maintenant, j'ai envie de jouer.

Iris posa la fillette sur le sol ; Mouty courut vers ses frères.

– Dépêche-toi, dit l'un d'eux ; le poisson est grillé, on a faim !

Le mari d'Iris s'avança vers son épouse.

– Je commençais à être inquiet ; d'où viens-tu, à cette heure ?

– Mouty et moi avons fait une longue promenade.

Couché sur le seuil de la maison, Œil-vif regardait Iris. Entre eux, une profonde complicité ; à présent, Iris connaissait le secret de son chien. Oui, Anubis existait et il avait sauvé la petite Mouty.

Chez elle, Iris avait la chance d'avoir un chien pour l'éternité.

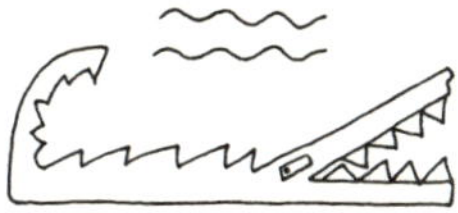

Le crocodile et le voleur

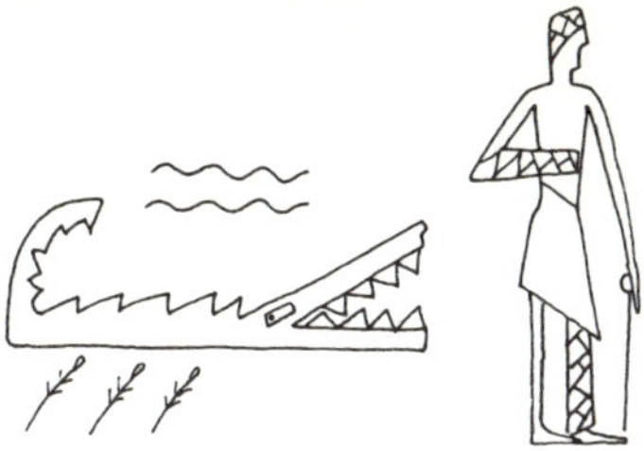

Le crocodile et le voleur

Oubaoné était un homme riche et honnête qui travaillait comme magicien à la cour du pharaon Nebka. Il était chargé de recopier sur papyrus les rituels des grandes fêtes, la Règle qui enseignait aux hommes la justice et la solidarité, et avait accès aux textes magiques que seuls les sages pouvaient connaître. Âgé d'une quarantaine d'années, il avait épousé une femme très belle, plus jeune que lui. Ils n'avaient pas d'enfants et habitaient dans une magnifique villa, proche du palais royal. Bâtie au centre d'un grand jardin où poussaient des palmiers et des sycomores, elle comprenait plus de vingt pièces ; devant la maison, un vaste bassin où il faisait bon se baigner dès que la température le permettait.

Ati, la femme d'Oubaoné, reprochait à son mari de trop travailler ; mais il était perfectionniste et ne comptait pas ses heures.

Ce matin-là, un homme se présenta à la porte de la villa. Un serviteur le conduisit auprès d'Oubaoné et d'Ati qui prenaient leur petit déjeuner dans un pavillon, à l'angle du bassin ; formé de quatre colonnettes et d'un toit légèrement en pente, il les protégeait du soleil.

– Mon nom est Nédjès, dit le visiteur. Pardonnez-moi de vous importuner.

– Comme je suis heureuse de te revoir ! s'exclama Ati. Nédjès est un ami d'enfance, expliqua-t-elle à son mari ; nous nous étions perdus de vue depuis des années.

– Désirez-vous du lait frais, du pain et des figues ? proposa Oubaoné. Si le cœur vous en dit, partagez notre repas.

– Volontiers ! Merci pour votre hospitalité.

Oubaoné observa la position du soleil.

– Je suis en retard ; désolé de vous abandonner.

– Rentreras-tu pour déjeuner ? interrogea Ati.

– Malheureusement non. À ce soir !

Dès qu'Oubaoné eut quitté la ville, Ati embrassa Nédjès sur les deux joues.

– Enfin, tu es là ! Nous avons gagné !

– Ton idée était excellente ; à présent, ton mari me considère comme son hôte et il ne se méfiera pas de moi.

– Si tu savais comme je le déteste ! Il ne pense qu'à son travail et ne s'occupe jamais de moi. Il possède de l'or et des pierres précieuses que Pharaon lui a offerts en récompense de ses loyaux services ; nous les volerons et nous partirons loin d'ici, avec ces richesses ! Jamais il ne nous retrouvera, et je serai enfin heureuse !

Le jardinier, un vieil homme voûté, se présenta devant Ati.

– Puis-je irriguer les parterres de bleuets, près du bassin ?

– Tu m'ennuies ! Va dormir dans un coin et laisse-nous tranquilles.

Le jardinier s'inclina et alla s'occuper d'un parterre de soucis. Il n'était qu'un employé, mais il avait sa fierté ; même une femme riche et belle n'avait pas le droit de traiter les gens de cette manière.

Dès qu'il avait vu Nédjès, le jardinier s'en était méfié ; cet homme-là était dangereux, il mentait comme il respirait. Aussi le jardinier décida-t-il d'observer le comportement du couple. Ati était si méprisante qu'elle ne se méfierait pas de lui.

Il les vit rire, s'amuser, s'embrasser et se baigner dans le bassin, boire du vin frais, puis pénétrer dans la maison. Le jardinier les suivit. Ati ouvrit un coffre en bois contenant des anneaux d'or et les enfourna dans un sac.

– Quand la nuit sera tombée, déclara-t-elle, lorsque tous les serviteurs seront endormis, nous partirons. Ainsi, Nédjès, tu auras volé la femme d'Oubaoné et sa fortune ! Comme j'attendais ce moment-là !

Scandalisé, le jardinier courut jusqu'au palais royal et demanda à voir son maître.

– Que se passe-t-il ?

– Il faut... Il faut que je vous dise...

– Si tu dis la vérité, parle sans crainte.

Le jardinier ne cacha aucun détail à son maître. Ce dernier le pria de patienter et se rendit dans son laboratoire où il fabriqua un crocodile de cire, long de sept pouces, c'est-à-dire treize centimètres. Le saurien était parfaitement imité et, malgré sa petite taille, semblait menaçant.

Oubaoné prononça sur lui une ancienne formule magique et remit le crocodile de cire au jardinier.

– Quand Nédjès se baignera, jette ce crocodile de cire dans le bassin.

– Entendu, maître.

De retour à la villa, le jardinier constata qu'Ati et Nédjès prenaient du bon temps ; ils se gavaient de raisin et de pâtisseries, et buvaient de la liqueur de dattes. Ati s'allongea sur une natte et s'endormit, Nédjès décida de se baigner.

Dès qu'il entra dans l'eau, le jardinier y jeta la figurine de cire.

Aussitôt, le crocodile miniature se transforma en un monstre long de sept coudées, c'est-à-dire trois mètres soixante-cinq ! Terrorisé, Nédjès n'eut pas le temps de s'enfuir ; le crocodile le prit dans sa gueule et l'entraîna au fond du bassin.

Lorsqu'elle se réveilla, Ati chercha partout Nédjès. Inquiète, elle s'adressa au jardinier.

– As-tu aperçu mon ami ?

– Il est parti.

– Parti... Mais où ?

– Je l'ignore.

Ati rentra dans la maison. Le sac contenant les anneaux d'or avait disparu. Ainsi, Nédjès l'avait volée ! Et comment réagirait Oubaoné quand il s'apercevrait de ce crime ? La justice égyptienne était sévère à l'encontre des voleurs comme de leurs complices.

– J'ai un message pour vous, dit l'intendant à Ati ; notre maître Oubaoné est parti en voyage avec Pharaon et il ne reviendra que dans sept jours.

Sept jours durant, Ati chercha comment se venger de Nédjès ; dès qu'elle le retrouverait, elle lui ferait payer cher le prix de sa trahison. En ce qui concernait le vol de l'or, elle avait trouvé la solution : Ati accuserait le jardinier de l'avoir dérobé. Son mari serait forcé de la croire.

Au terme des sept jours, Oubaoné s'adressa au pharaon Nebka.

– Majesté, j'aimerais vous montrer un prodige.

– Où s'est-il produit ?

– Chez moi. Acceptez-vous de m'accompagner ?

– Est-ce vraiment un prodige ?

– Je crois que les générations futures s'en souviendront.

Lorsque la dame Ati vit apparaître le pharaon et son mari, l'émotion la fit tressaillir. Par bonheur, elle était vêtue d'une jolie robe de lin fin et coiffée d'une superbe perruque nattée.

– Majesté... Que d'honneur pour ma

modeste maison ! Le maître de l'Égypte désire-t-il une boisson fraîche ?

– Mon temps est précieux, dame Ati ; je suis venu contempler une sorte de miracle.

– Un miracle... ici ?

– C'est ce que prétend ton mari.

Ati regarda Oubaoné dont le visage était fermé et sévère.

– Je... je ne comprends pas, protesta-t-elle ; il ne s'est rien passé.

– En es-tu bien sûre ? questionna Oubaoné.

– Oui, oui...

– Approchons-nous du bassin.

Oubaoné s'immobilisa au bord du plan d'eau.

– Éveille-toi, crocodile, ordonna-t-il, et ramène ton prisonnier à la surface, ce Nédjès que tu retiens au fond du bassin depuis sept jours.

Le monstre jaillit hors de l'eau, tenant le corps de Nédjès dans sa gueule.

Ati poussa un cri de terreur.

– Ce crocodile est horrible, constata le pharaon.

– N'ayez aucune crainte, Majesté.

Oubaoné saisit le saurien de sept coudées qui se transforma en figurine de cire de sept pouces ; en un éclair, il était passé de trois mètres soixante-cinq à treize centimètres.

Sur le bord du bassin gisait le corps de Nédjès ; Ati se précipita sur lui.

– Que t'est-il arrivé, mon pauvre Nédjès ? s'exclama-t-elle en sanglotant.

– Cette femme est l'alliée de ce voleur, expliqua Oubaoné. Ils comptaient s'emparer de mes richesses, partir ensemble et faire accuser mon jardinier, qui a mis à l'abri mes anneaux d'or. J'ai eu le tort de faire confiance à Ati, Majesté, et elle s'est comportée comme un démon. Elle et son complice ont oublié que j'étais l'un des magiciens du palais.

Pharaon rendit son jugement.

– Que le crocodile emporte ce qui lui appartient !

Le roi tendit la main vers la figurine de cire qui se transforma de nouveau en un énorme saurien. Le monstre reprit Nédjès dans sa gueule et l'entraîna au fond des eaux, si profondément que nul ne revit jamais ni l'un ni l'autre.

Oubaoné se tourna vers sa femme dont le visage avait vieilli de vingt ans.

– Pour avoir trahi ta parole et menti, tu mériterais d'être lourdement condamnée.

– Pitié, seigneur, pitié !

– Tu périras dans le feu, et tes cendres seront dispersées dans le fleuve.

– La justice n'autorise pas l'excès, intervint Pharaon ; quitte cette maison, dame Ati. Ainsi, le divorce est prononcé. Quant à toi, Oubaoné, choisis mieux ta prochaine épouse.

– Le service de Votre Majesté occupera le reste de mon existence ; j'offre mon domaine à mon jardinier. Il y fera pousser de belles fleurs pour les dieux.

Le pharaon Snéfrou et le bijou perdu

Le pharaon Snéfrou et le bijou perdu

Snéfrou était un bon pharaon. Il aimait son peuple et son peuple l'aimait. Chacun mangeait à sa faim, la crue du Nil rendait les champs fertiles, et les architectes avaient bâti deux grandes pyramides grâce auxquelles l'âme du roi serait immortelle et attirerait vers l'Égypte la faveur des dieux.

Tout allait pour le mieux, en cette belle

journée d'été ; il faisait si chaud que les fonctionnaires dormaient dans leurs bureaux, pendant que les paysans goûtaient aux plaisirs de la sieste, dans leurs cabanes en roseaux, à l'abri du soleil.

Après avoir reçu longuement son Premier ministre – le vizir –, et avant de présider, dans la soirée, un conseil de prêtres pour préparer la grande fête de la nouvelle année, le pharaon Snéfrou eut envie de se détendre. Il sortit de la salle du trône et appela son intendant.

L'homme était gras, se déplaçait avec peine et s'essuyait sans cesse les tempes, le front et le cou avec un large morceau de lin.

– Je suis à vos ordres, Majesté.

– Où se trouvent les musiciens du palais ?

– Chez eux, Majesté ; ils se reposent, avant le concert de ce soir.

– Le meilleur joueur d'échecs du royaume est-il encore parmi nous ?

– Non, il est reparti pour le Sud.

« Pas de musique, pas d'échecs… Décidément, pensa le roi, impossible de se distraire. »

– Va me chercher le magicien en chef.

L'intendant s'exécuta.

Songeur, le pharaon contempla le jardin du palais, planté de tamaris et de sycomores qui dispensaient une ombre agréable. Le magicien en chef, au visage sévère et au crâne chauve, trouverait-il un moyen de le divertir ?

– Pourquoi le maître de l'Égypte a-t-il besoin de mes services ? demanda le magicien en s'inclinant.

– Quel loisir me conseilles-tu ?

Le magicien réfléchit.

– Une promenade en barque devrait être des plus agréables.

Le roi ne parut pas enchanté.

– Une promenade... mais pas seul, insista le magicien.

– Quelle compagnie me proposes-tu ?

– Celle des plus jolies femmes du palais. Pendant qu'elles rameront, Votre Majesté pourra les admirer à loisir. Vous contemplerez aussi les beaux îlots herbeux, les fourrés de papyrus et les berges verdoyantes. Est-il spectacle plus magnifique ?

Le pharaon Snéfrou sourit.

– Excellente idée ! Qu'on prépare la plus belle barque du palais, qu'on l'équipe avec vingt rames en bois d'ébène plaqué d'or et que l'on m'amène vingt superbes jeunes femmes.

Suant et soufflant, l'intendant s'empressa de satisfaire les désirs du monarque.

Vêtu d'un simple pagne blanc, Snéfrou se trouvait déjà à l'embarcadère lorsque les vingt jeunes femmes vinrent vers lui en courant et en riant.

Comme elles étaient belles, le corps élancé et les cheveux nattés ! Elles avaient ôté leur robe pour revêtir une sorte de maillot, une résille aux mailles peu serrées qui ne cachait guère leurs charmes.

Le roi remarqua l'une d'elles, qui portait au cou un bijou de turquoise en forme de poisson. Elle imposa le silence à ses compagnes, puis croisa les bras sur sa poitrine et baissa les yeux.

– Majesté, nous sommes prêtes.

– J'aimerais me promener avec vous sur le lac.

Ravies de côtoyer le maître du pays, les jeunes femmes s'installèrent dans la barque et s'emparèrent des rames. Snéfrou ne quittait pas des yeux la supérieure des rameuses, la femme au bijou, dont la beauté surpassait celle de ses compagnes.

La barque avança doucement sur l'eau, un souffle de vent rafraîchit les visages. Grâce à la vision de ce charmant équipage, détendu et souriant, le roi s'apaisa. L'esprit enfin libéré des affaires de l'État et des soucis du palais, Snéfrou remercia les dieux de lui accorder ces quelques instants de sérénité, aussi brefs fussent-ils.

Le bleu du ciel, la pureté de l'eau et la clarté de l'air l'enchantaient.

Soudain, un bruit incongru.

Quelque chose venait de tomber dans l'eau. En voulant tresser sa natte, la supérieure des rameuses avait fait un faux mouvement et brisé la cordelette à laquelle était suspendu son bijou de turquoise. Et ce dernier avait disparu dans les profondeurs du lac.

– Quel malheur ! s'exclama-t-elle. C'était mon plus grand trésor !

Les jeunes femmes cessèrent de ramer.

– Continuez, dit le roi.

Mais devant l'expression de tristesse générale, Snéfrou s'efforça de faire une proposition.

– Réjouis-toi, annonça-t-il à la supérieure des rameuses, je t'offrirai un autre bijou.

– Ce serait inutile, Majesté.

– Pourquoi ?

La jeune femme était au bord des larmes.

– Majesté... Je tiens tellement à ce bijou ! C'est mon fiancé qui vient de me l'offrir ; je ne peux reparaître devant lui sans cet ornement.

– Accepte un autre bijou, je t'en prie, et continuons cette délicieuse promenade.

La mine chagrine de la belle fit comprendre au roi qu'il ne parviendrait pas à la dérider. Quatre des rameuses les plus expérimentées plongèrent, mais leur exploration ne donna aucun résultat.

Quand elles revinrent à la surface, bredouilles, le pharaon prit une décision.

— Retournons au palais.

Craignant d'avoir contrarié Snéfrou, la supérieure des rameuses tenta vainement de sourire.

– Majesté, je ne voulais pas gâcher ces merveilleux moments...

– Mon devoir ne consiste-t-il pas à rendre heureux mes sujets ? Le magicien trouvera une solution.

Le magicien en chef, qui était aussi médecin, préparait une potion pour faciliter la digestion des viandes en sauce quand le pharaon entra dans son laboratoire.

– Ton idée était excellente, et cette promenade en barque a ravi mon cœur ; malheureusement, le bijou préféré de la supérieure des rameuses est tombé au fond du lac et elle tient à le récupérer. Aucun autre ne pourra le remplacer.

– C'est fâcheux, Majesté.

– Nos livres de magie ne contiennent-ils pas le remède à ce malheur ? demanda le roi.

– Consultons les archives de la Maison de Vie, suggéra le magicien. Nous y découvrirons peut-être un cas semblable et qui sait, la solution.

Dans la Maison de Vie étaient conservés les textes anciens, les traités de médecine, de pharmacie, d'astronomie et de géométrie, et les rituels des fêtes. En lisant avec attention les hiéroglyphes, les « paroles de Dieu », le roi et le magicien eurent la chance de voir décrit un drame analogue à celui qui les tourmentait. Il existait donc une solution, mais elle leur parut incroyable !

– Les sages affirment que c'est possible si l'on prononce la bonne formule, observa le roi. N'hésitons pas un instant ! Je ne supporte pas de voir cette si jolie femme accablée par le chagrin.

Les belles rameuses patientaient sagement sur la berge, à l'ombre d'un saule ; elles tentaient de consoler leur supérieure, persuadée qu'elle ne reverrait jamais son précieux bijou et que son fiancé lui reprocherait son insouciance. Quand elles aperçurent le roi, elles se levèrent toutes ensemble, mais se blottirent les unes contre les autres à l'approche du magicien à la mine sévère.

– Retournons à l'endroit où le bijou a été perdu, ordonna le pharaon.

On rama sur un bon rythme, en souplesse, pendant que le magicien lisait et relisait une très antique formule, transmise de sage en sage, avant même que la première pyramide ne fût construite.

Lorsque le bateau s'immobilisa sur le lieu du drame, chacun fit silence pour permettre au magicien de se concentrer.

Debout, les yeux fixés sur la surface de l'eau, les bras tendus, il ordonna aux flots de se soumettre à sa volonté.

Le lac se mit à bouillonner, l'une des rameuses poussa un cri de frayeur.

– Gardez votre sang-froid, recommanda le roi.

La supérieure des rameuses calma ses camarades ; en compagnie de Pharaon, que pouvait-il leur arriver ?

Soudain, la moitié des eaux du lac se souleva ; avec le plus grand calme, le magicien posa la moitié des eaux du lac sur l'autre moitié.

Au fond de la moitié vide, le bijou en turquoise reposait, étincelant.

Le magicien descendit le chercher et le donna à la supérieure des rameuses dont le visage était rayonnant de joie.

– N'oublie pas de remettre la nature en ordre, rappela le roi au magicien.

Ce dernier inversa la formule, posa la moitié du lac à sa juste place, et le bateau put de nouveau voguer sur toute la surface des eaux.

La nouvelle se répandit dans la capitale, puis dans tout le pays, puis au-delà des frontières de l'Égypte ; et chacun sut que la magie de Pharaon pouvait accomplir des miracles.

Le serpent de l'île enchantée

LE SERPENT DE L'ÎLE ENCHANTÉE

Chemsou était un excellent marin qui avait navigué sur toutes les sortes de bateaux, sans hésiter à quitter le Nil pour s'élancer sur la mer [1]. Après plusieurs voyages, il se reposait chez lui, dans un petit village du Delta, en compagnie de son épouse et de ses enfants.

1. La mer Méditerranée.

Chemsou avait affronté bien des dangers, notamment de redoutables tempêtes au cours desquelles il avait cru mourir ; à l'avenir, il se contenterait de déplacements tranquilles sur le fleuve, pour livrer des marchandises dans le Sud.

Le marin buvait de la bière fraîche et mangeait des oignons doux quand il vit venir vers lui Tête-brûlée, un homme de taille moyenne, aux larges épaules et aux énormes cuisses.

– Comment vas-tu, l'ami ? demanda Tête-brûlée.

– Je me repose.

– Autrement dit, tu t'ennuies.

– Pas du tout.

– Tu m'offres un peu de bière ?

– Si tu veux.

Tête-brûlée était le plus audacieux des

capitaines. À plusieurs reprises, il s'était aventuré très loin en mer, oubliant toute prudence.

– Un marin qui ne navigue pas s'ennuie forcément, affirma Tête-brûlée, en s'asseyant sur un tabouret.

– Ce n'est pas mon cas.

– Tu dis ça, mais tu ne le penses pas !

– Tu te trompes ; ici, en compagnie de mon épouse et de mes enfants, je suis heureux.

Une lueur malicieuse brilla dans l'œil de Tête-brûlée.

– Ta femme, elle aime les beaux vêtements... Et elle ne refuserait certainement pas une maison plus grande et plus agréable.

Chemsou fut troublé.

– C'est vrai, elle aimerait une ou deux pièces de plus, et un jardin avec une piscine... Mais nous n'en avons pas les moyens.

– Ces moyens-là, moi, je peux te les donner.

– Qu'as-tu à me proposer ?

– Un travail à ta mesure... Et très bien payé ! Quand tu reviendras, tu seras riche.

– Où faut-il aller ?

– Tu devras chercher un chargement de cuivre dont le pharaon a besoin pour les temples.

– Un travail dangereux !

– Penses-tu ! s'exclama Tête-brûlée. J'ai reçu l'ordre de recruter les meilleurs marins du pays ; avec un équipage aussi expérimenté, les manœuvres seront exécutées de manière impeccable. Je te promets une vraie promenade en mer !

– Il faut que je réfléchisse.

– Comment peux-tu hésiter ? J'ai déjà obtenu l'accord de cent dix-huit hommes ; avec toi et moi, nous serons cent vingt.

– Cent vingt ! Mais la taille du bateau...

– Soixante mètres de long, vingt de large : il est superbe et a été construit spécialement pour l'expédition par les charpentiers du roi. Tu ne peux pas refuser un voyage pareil !

Chemsou songeait déjà à la brise marine, au vaste ciel, aux mouvements de l'eau. Cette existence-là le faisait rêver.

– Tu as raison, Tête-brûlée.

La femme de Chemsou lui donna son accord. Grâce à la prime qui lui serait versée, son mari pourrait acheter la villa qu'elle désirait. Demain, la vie serait plus heureuse.

Tête-brûlée n'avait pas menti : il avait bien réuni l'élite de la marine égyptienne, cent vingt marins très expérimentés qui connaissaient la mer à la perfection. Satisfaits de former l'équipage d'un magnifique navire flambant neuf, ils plaisantèrent en manœuvrant.

Les uns surveillaient le ciel, les autres la mer ; chacun était capable de pressentir la formation d'un orage ou la future colère des eaux, et de préparer le bateau à les affronter. Aussi personne n'éprouvait-il la moindre inquiétude. À bord, on parlait de la famille, de l'avenir et du gros salaire versé par le roi.

Soudain, alors que le ciel était bleu et la mer calme, se leva un vent d'une violence inouïe. Le bateau gémit et craqua, comme s'il allait se disloquer, l'une des voiles se déchira. Surpris, Tête-brûlée hurla des ordres que peu de marins entendirent. Une vague énorme monta du fond des eaux et s'abattit sur le navire avec une sorte de rage.

Chemsou passa par-dessus bord et s'agrippa à une pièce de bois qui semblait frapper la mer déchaînée, dans un combat inégal. Soulevé comme un fétu de paille battu par les flots, Chemsou s'évanouit.

Quand il se réveilla, le naufragé souffrait d'un affreux mal de tête ; il parvint à se relever, se frotta les yeux et découvrit une île inondée de soleil.

Chemsou courut dans le sable chaud, à la recherche de ses camarades ; mais il lui fallut se rendre à l'évidence : lui seul avait survécu à ce terrible naufrage.

Affalé sous l'ombrage d'un palmier, Chemsou demeura inerte pendant trois jours. La détresse et le chagrin l'empêchaient de réagir. Puis la faim lui mordit le ventre ; il se leva, partit en quête de nourriture et trouva des figues, du raisin, des concombres et de nombreux autres légumes. Perdue dans la mer, cette île était un véritable paradis où vivaient des milliers d'oiseaux ; dans de belles mares, à l'intérieur de ce territoire enchanteur, il y avait des poissons faciles à pêcher.

Utilisant des silex et un bout de bois sec, Chemsou fit jaillir une flamme, grilla un gros poisson et, avant de le consommer, remercia les dieux de lui avoir laissé la vie sauve. Aucune richesse ne manquait sur l'île ; le naufragé pourrait subsister ici de longues années sans se soucier du lendemain.

Alors qu'il faisait la sieste, après un bon repas, un bruit de tonnerre l'arracha à sa torpeur. D'abord, Chemsou crut qu'il s'agissait d'une vague qui déferlait sur l'île ; un vent violent courba les palmiers, des tourbillons de sable fouettaient leurs troncs. Sous les pieds du naufragé, la terre trembla.

Certain que, cette fois, il n'échapperait pas à la mort, Chemsou plaqua les mains sur ses yeux et attendit que la tempête l'emportât.

Mais le calme revint.

Chemsou osa regarder.

Ce qu'il vit était encore plus effrayant ! En face de lui, un gigantesque serpent de seize mètres, avec une barbe de plus d'un mètre ! Les membres du reptile étaient recouverts d'or et ses sourcils en lapis-lazuli.

Terrorisé, Chemsou se plaqua au sol, comme si cette soumission pouvait lui sauver la vie.

Une voix très grave le fit trembler d'effroi. C'était celle du serpent, aussi puissante que le tonnerre !

– Qui t'a amené ici, petit homme ?

La gorge de Chemsou était si serrée qu'il ne parvint pas à répondre.

– Qui t'a amené ? Si tu tardes à me répondre, je te brûlerai avec la flamme de ma bouche. Tu seras réduit en cendres et tu n'existeras plus du tout !

– Pardonne-moi, je t'en supplie ! Tu me parles, mais je comprends à peine ce que tu me dis... J'ai si peur que je perds presque connaissance !

Le serpent s'inclina vers Chemsou et il le plaça dans sa bouche. Le naufragé crut que son cœur allait cesser de battre, mais le monstre le transporta avec précaution jusqu'à son repaire et le déposa doucement sur le sol.

Aussitôt, Chemsou se remit à plat ventre pour bien marquer son respect.

– Réponds-moi clairement, questionna

de nouveau le serpent ; qui t'a amené ici, petit, dans cette île mystérieuse ?

Chemsou trouva le courage de répondre.

– J'étais membre d'un équipage de cent vingt marins d'élite ; notre bateau était neuf et magnifique ; nous avions pour mission de rapporter un chargement de cuivre. Nous pensions bien connaître la mer et ses dangers, mais nous nous trompions. Pourtant, chacun de nous était capable de prévoir le mauvais temps et de l'affronter. Nous rivalisions de courage, personne ne se montrait maladroit ; tous, nous étions prêts à rester à notre poste dans la pire tempête. C'est une vague immense, venue du fond de la mer, qui nous a surpris. Le bateau a été détruit, tous mes camarades ont péri noyés ; je me suis évanoui et me suis réveillé sur cette île. C'est la vague géante qui m'a porté jusqu'ici.

– N'aie pas peur, petit homme, dit le serpent. Puisque tu es venu jusqu'à moi, que tes craintes disparaissent et que ton visage s'apaise. Pourquoi te tourmenterais-tu, à présent ? C'est Dieu qui a permis que tu vives, c'est lui qui t'a amené vers cette île du Ka, la puissance mystérieuse présente en chaque être dans l'univers entier. Le Ka anime les êtres, il survit au-delà de la mort. Qui connaît le mystère du Ka connaît le secret de la vie. Dans cette île du Ka, rien ne manque ; tout ce qui est bon se trouve ici.

– Devrai-je y passer le reste de mon existence ?

– Non, petit homme, tu n'en serais pas capable. Tu demeureras ici quatre mois, le temps de percevoir le mystère de l'île enchantée et de t'en imprégner. Alors, j'attirerai un bateau qui viendra de ton pays et te ramènera chez toi. C'est dans ta ville que tu mourras. Comme est heureux celui qui peut raconter à autrui les drames qu'il a vécus, lorsque les épreuves pénibles sont oubliées ! Veux-tu écouter ma propre histoire ?

Rassuré sur son destin, Chemsou fut curieux d'entendre les révélations du grand serpent.

– Autrefois vivait sur cette île une communauté de serpents géants, des adultes et des enfants ; nous étions soixante-quinze et nous menions une existence tranquille et heureuse. Je chérissais particulièrement une petite fille que le ciel m'avait donnée et qu'il m'a reprise.

– Que s'est-il passé ?

– Une comète a traversé le ciel, elle est tombée sur notre île ; cette boule de feu a provoqué un incendie où périrent brûlés ma famille et mes compagnons. Je fus le seul rescapé. Nos destins se ressemblent : toi aussi, tu es le seul rescapé du naufrage. Dans d'horribles épreuves comme celles que nous avons vécues, il faut être fort et maîtriser son cœur ; c'est parce que tu as eu cette force que tu pourras bientôt embrasser ta femme et tes enfants, revoir ta maison et vivre au milieu de tes frères.

Chemsou éprouva une peine profonde.

– Je raconterai ton histoire au pharaon d'Égypte, promit-il au serpent, je lui parlerai de ta puissance et de ta grandeur. On t'offrira des parfums et de l'encens qui, dans nos temples, réjouissent les cœurs des dieux. Dans la capitale, on chantera tes louanges, on te remerciera pour ta bonté et l'on t'offrira en sacrifice des volailles et des bœufs. Je ferai venir pour toi des navires remplis de produits précieux, comme on doit le faire pour une puissance divine qui aime les hommes.

Le grand serpent éclata de rire.

– Tu ne possèdes pas de parfums rares, petit homme ; moi, je suis le maître du pays où ils abondent ! Tous les produits que tu souhaites m'offrir se trouvent sur cette île. Mais quand tu l'auras quittée, tu ne la reverras jamais, car elle disparaîtra dans les flots. Désormais, son secret sera dans ton cœur.

Quatre mois après l'arrivée du naufragé sur l'île enchantée, le grand serpent se dressa, le regard tourné vers la mer.

– Monte au sommet du plus haut palmier, petit homme.

Chemsou grimpa très vite.

Et il vit un bateau égyptien qui se dirigeait vers l'île !

– Tu vas retourner chez toi en bonne santé, dit le serpent, et tu reverras les tiens. Je n'ai qu'une seule faveur à te demander :

dis du bien de moi aux êtres qui te sont chers et fais en sorte que mon renom soit excellent dans ta ville. Tu ne pars pas les mains vides : je t'offre une cargaison de parfums rares, des babouins, des chiens de chasse et quantité de produits précieux.

Chemsou se prosterna devant le serpent et le remercia.

– Dans deux mois, prédit le maître du Ka, tu arriveras chez toi ; ta famille te trouvera rajeuni.

Chemsou était déchiré : d'un côté, il n'avait pas envie de quitter cette île et de cesser de dialoguer avec le grand serpent ; de l'autre, il désirait revoir son pays et les siens.

– C'est le moment du départ, affirma le grand serpent ; nul ne peut rien y changer. Adieu, petit homme !

Le naufragé descendit jusqu'au rivage et fit

des signes au navire. Ce dernier mit le cap sur l'île.

Le capitaine et les marins congratulèrent le naufragé.

– Toutes les richesses que vous voyez là sont des cadeaux pour Pharaon ; nous pouvons les embarquer, mais faisons vite. Il faut s'éloigner de l'île sans tarder.

– Qui habite ici ? interrogea le capitaine. Cette île ne figure sur aucune carte !

– J'écrirai un rapport détaillé. Partons, il n'y a pas une seconde à perdre !

Le navire se dirigea vers la haute mer. Quand le capitaine et Chemsou se retournèrent vers l'île, elle avait disparu.

– Impossible ! s'exclama le capitaine. Il y avait bien une île, nous avons marché sur son rivage, et...

– Le maître de l'île du Ka en a décidé ainsi, révéla Chemsou. Il ne nous reste plus qu'à louer sa mémoire et offrir ses trésors à Pharaon.

Le pharaon et le voyant

Le pharaon et le voyant

Parce qu'il était un pharaon bienfaisant et juste, Snéfrou bénéficiait de l'amour de son peuple. Ses conseillers et ses ministres le félicitaient chaque matin pour sa sagesse, mais le souverain se méfiait de plus en plus de ce concert de louanges. La Règle ne disait-elle pas que flatter autrui, c'était le trahir ?

Alors que le printemps rendait verdoyantes

les rives du Nil et faisait prospérer les vergers, Snéfrou réunit ses hauts fonctionnaires dans le jardin de son palais, à l'ombre d'un sycomore. Étonnés, les grands personnages s'assirent sur des pliants en bois pour ne pas tacher d'herbe leurs belles robes de lin.

– Majesté, dit l'un d'eux, vous êtes le plus grand des pharaons ; toutes vos décisions sont excellentes.

– Chacun se prosterne devant vous, ajouta un autre ; il n'y a jamais eu un règne aussi éclatant que le vôtre.

– Je vous ai fait venir, dit le pharaon, parce que je recherche un homme qui ne vous ressemble pas.

Les visages des dignitaires se crispèrent.

– Nous ne comprenons pas, Majesté ; notre comportement vous aurait-il déplu ? Pourtant, nous sommes à vos ordres et nous agissons comme vous le désirez !

– Vous êtes conformistes et englués dans vos habitudes ; j'ai besoin d'entendre d'autres paroles. Qui, parmi vos fils, vos frères ou vos amis, sera assez courageux pour me dire la vérité, quelle qu'elle soit ?

– Majesté, nous ne vous avons jamais menti !

– Connaissez-vous l'homme que je recherche ?

Un vieux fonctionnaire, chargé d'années et d'honneurs, prit la parole.

– Ma carrière est terminée, la mort va bientôt m'appeler. Je peux m'exprimer sans craindre de déplaire au roi. Moi, je crois connaître cet homme. C'est un scribe aux doigts habiles qui n'hésite jamais à dire ce qu'il pense, même s'il choque ou s'il déplaît. C'est pourquoi nous l'avons tenu à l'écart de votre gouvernement, Majesté, afin qu'il ne sème pas la discorde. On prétend même qu'il peut prédire l'avenir.

– Amenez-le-moi immédiatement, ordonna Snéfrou.

Le scribe s'appelait Néferti. De taille moyenne, âgé d'une cinquantaine d'années, il avait un visage allongé et des yeux noirs très intenses, plutôt inquiétants.

Néferti s'inclina devant le pharaon.

– Relève-toi, dit Snéfrou ; j'ai besoin d'entendre tes paroles.

– Je ne suis qu'un scribe, Majesté ; d'autres, ici, sont plus savants que moi.

– Laisse-m'en juge. On prétend que tu es sincère et que tu ne dissimules pas tes pensées.

Le regard de Néferti flamboya.

– C'est la vérité, Majesté.

– Es-tu voyant, Néferti, sais-tu prédire l'avenir ?

Le scribe hésita quelques instants.

– J'en suis capable, Majesté.

– Pourquoi as-tu hésité ?

– Parce que c'est dangereux.

Snéfrou tendit la main vers un coffret qui contenait le matériel pour écrire : une palette, des pinceaux, des pains d'encre rouge et noire, et des godets à eau pour les diluer. Le pharaon déroula un papyrus sur ses genoux.

– Je t'écoute, Néferti.

– Je mets en garde Votre Majesté contre les risques à courir ; ce que je vous révélerai peut vous déplaire.

– Parle, Néferti.

Néferti demanda qu'on lui apportât une lampe à huile et une grande coupe remplie d'eau. Il alluma la mèche et la plongea dans la coupe. Au lieu de s'éteindre, le feu brilla au fond de l'eau.

– Que l'esprit de Votre Majesté se joigne au mien pour connaître l'avenir. Mais je dois vous prévenir une dernière fois : le danger est grand. Vous allez voyager dans le temps et devrez peut-être affronter des adversaires redoutables.

– Je suis prêt.

Une flamme immense jaillit de l'eau et l'esprit du roi fut transporté dans le futur, où il se transforma en un jeune homme d'une vingtaine d'années, vêtu d'un pagne usé et poussiéreux. Il marchait sur un chemin défoncé entre deux champs de blé détruits par un incendie.

C'était le jour, mais il faisait nuit, car un voile de nuages masquait le soleil. Snéfrou marcha jusqu'au Nil, mais constata que le fleuve était presque à sec. Il n'y avait pas assez d'eau pour naviguer, le vent du nord se battait contre celui du sud, le ciel était pris de folie.

Un grand aigle frôla la tête de Snéfrou, se posa dans un marais et pondit aussitôt un œuf énorme d'où jaillit du sang.

Affolé, Snéfrou se réfugia dans une forêt de roseaux où gisaient les cadavres de soldats égyptiens percés de flèches. Au milieu d'eux, un « coureur des sables », l'un de ces bédouins [1] voleurs et assassins qui ne songeaient qu'à piller les habitants du Delta, le nord de l'Égypte.

Une invasion avait-elle eu lieu ? Non, c'était impossible ! L'armée égyptienne avait toujours réussi à repousser ces barbares.

Un grognement attira l'attention de Snéfrou. Non loin de lui, des lions et des hyènes buvaient dans une mare. Les animaux du

1. Bédouin : nomade du désert.

désert avaient osé s'aventurer dans les cultures ! N'y avait-il plus un seul gardien de domaine pour les chasser ?

Snéfrou décida de marcher vers le sud pour atteindre Memphis, la capitale. Là-bas, on lui apprendrait ce qui s'était passé.

Pendant plusieurs heures, il ne rencontra personne, comme si les humains avaient quitté la terre d'Égypte. Les champs étaient brûlés, les cultures anéanties. Puis il aperçut un homme âgé qui s'enfuit à son approche.

– Attends ! Je ne te veux aucun mal !

Le fuyard était épuisé, Snéfrou ne tarda pas à le rattraper. Le malheureux tremblait de tous ses membres.

– Ne me tue pas, je t'en supplie !

– Tu n'as rien à craindre.

– Tu... tu es égyptien ?

– Oui, mais toi, qui es-tu ?

L'homme s'assit sur le bord du chemin.

– J'ai cinquante ans, mais j'en parais vingt de plus, à cause de tous ces malheurs... Les bédouins ont envahi l'Égypte parce que le pharaon se croyait plus fort qu'eux et n'a pris aucune précaution. Notre armée n'était composée que de peureux, et nos fonctionnaires, paresseux et corrompus, passaient leur temps à flatter le roi pour lui éviter tout souci. Les bédouins ont rasé des villages entiers et laissé derrière eux le désespoir. Aujourd'hui, chacun ne pense qu'à lui-même, et l'on n'enterre même plus les morts. Les fils sont les ennemis de leurs pères, les lois sont oubliées, le pays est ruiné. Il n'y a plus rien à acheter, les voleurs règnent en maîtres, la haine a remplacé la fraternité. Plus personne ne veut travailler, tout le monde veut diriger et exploiter autrui. Moi, je possédais un grand domaine et je donnais à manger à plus de cent personnes ; mes serviteurs m'ont trahi et dépouillé de tous mes biens. Comment aurais-je encore le goût de vivre, alors que la justice a disparu ?

– M'accompagneras-tu jusqu'à la capitale ?

– Je n'en ai pas la force ; laisse-moi au bord de ce chemin.

Snéfrou ramassa une branche morte ; ce bâton lui servirait contre d'éventuels agresseurs.

À plusieurs reprises, il fut contraint de se cacher pour éviter des bandes armées et bruyantes. L'Égypte ne ressemblait plus à la terre heureuse, riche et calme qu'il connaissait ; elle n'était plus qu'un pays pauvre, en proie au désordre et à la famine.

Anxieux, Snéfrou tenta de se persuader

que les barbares n'avaient pas osé s'attaquer aux temples et pénétrer dans les pyramides de ses ancêtres pour troubler leur repos. Mais lorsqu'il parcourut le domaine sacré de Saqqarah, il constata que les envahisseurs avaient dérobé les trésors des premiers rois d'Égypte et détruit leurs monuments.

La superbe capitale de Memphis n'était plus qu'un champ de ruines. À la place du palais royal, il y avait une caserne, remplie de mercenaires ivres qui passaient leur temps à jouer aux dés. Des chiens errants dévoraient les ordures.

– Toi, là-bas, qui es-tu et d'où viens-tu ?

Snéfrou se retourna.

Le chef d'une patrouille, formée de criminels qui avaient détruit leur prison, venait de l'interpeller. Ils possédaient des arcs et des flèches. Avec son misérable bâton, Snéfrou n'avait aucune chance de les vaincre.

Il s'engouffra dans une ruelle avec l'espoir de semer ses poursuivants ; mais il s'agissait d'une impasse se terminant par un mur blanc, infranchissable. Un mur blanc comme celui qui, jadis, entourait Memphis.

Les envahisseurs bandèrent leurs arcs. Dans un instant, le corps de Snéfrou serait percé de flèches.

Soudain, l'esprit du pharaon devint une flamme. Elle brûla ses ennemis, et Snéfrou sortit de cette époque de malheurs et de ténèbres pour se retrouver dans le jardin de son palais, face au voyant Néferti.

Dans la coupe, le feu s'était éteint.

– J'ai eu peur, Majesté ; votre esprit aurait pu s'enfuir loin de nous pour toujours.

– Ma propre magie est efficace, Néferti, et j'ai compris le message de l'avenir : si j'écoute les flatteurs, les hypocrites et les ambitieux, le malheur envahira le pays.

Pharaon doit lutter sans relâche contre le mal, lancer les flammes de sa couronne contre les destructeurs, refuser toute faiblesse et construire un mur qui protégera l'Égypte des invasions. L'injustice restera au-dehors et la justice continuera à rendre les cœurs heureux. Grâce au présent, nous vaincrons l'avenir.

Le voyant Néferti versa de l'eau sur un autel garni d'offrandes pour les purifier, et remercia les dieux d'avoir donné à l'Égypte un pharaon capable de déchiffrer le futur et d'en tirer les leçons.

La grande pyramide et les chambres secrètes du dieu Thot

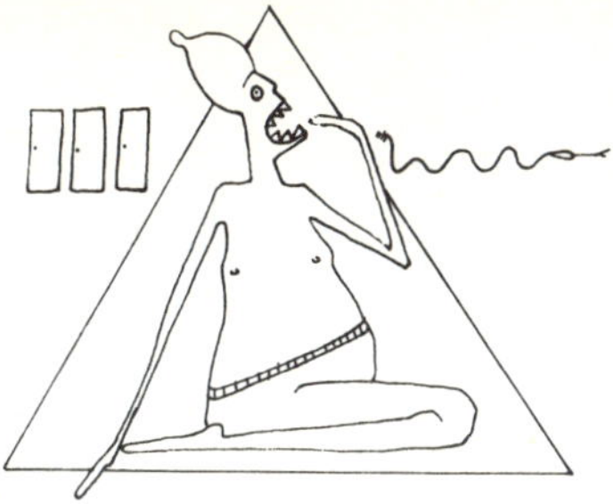

LA GRANDE PYRAMIDE ET LES CHAMBRES SECRÈTES DU DIEU THOT

Le pharaon Khéops à la recherche du secret

Le pharaon Khéops régnait sur une Égypte riche et puissante. Comme ses prédécesseurs, il devait faire construire une demeure d'éternité, une pyramide en pierre où son âme vivrait pour toujours. Les architectes lui avaient soumis de nombreuses propositions, mais aucune ne lui convenait.

Khéops convia son fils Dédef-Hor, qui passait son temps à étudier les écrits des sages. À force de travail, n'était-il pas devenu le plus grand savant du pays ?

Le crâne rasé, vêtu d'une peau de panthère, chaussé de sandales blanches, Dédef-Hor se présenta devant son père, pour qui il éprouvait une véritable vénération : son autorité naturelle et sa noblesse s'imposait à tous. Assis sur son trône, le roi paraissait soucieux.

– De quelle manière puis-je vous aider, mon père ?

– Tu sais que j'ai le devoir de dresser une pyramide vers le ciel ; grâce à elle, les dieux continueront à aimer l'Égypte.

– Le pays entier en est conscient, et les artisans sont prêts à travailler avec ardeur.

– Malheureusement, aucun des plans prévus ne me satisfait.

– Pourtant, vos architectes sont excellents.

– Je veux un monument qui soit la traduction de nos connaissances scientifiques les plus avancées.

– Autrement dit, la mise en œuvre de la science du dieu Thot !

Thot, le dieu à tête d'ibis ou à tête de babouin, le dieu qui avait révélé aux humains le mystère des hiéroglyphes, Thot le maître de la géométrie sacrée, indispensable pour construire une pyramide.

– Oui, mon fils, cette science dont tout dépend sur terre. Et il existe un secret que je dois percer : le nombre des chambres secrètes de Thot. Quand je le connaîtrai, nous pourrons tracer le plan de ma pyramide et commencer les travaux. Explore les archives des temples et rapporte-moi ce que tu trouveras à ce sujet.

– Inutile, mon père.

– Que veux-tu dire ?

– Ces recherches, je les ai déjà menées, mais elles n'ont pas abouti. Aujourd'hui, plus personne ne connaît le nombre des chambres secrètes de Thot.

– Un tel secret ne peut pas être perdu à jamais !

Dédef-Hor réfléchit.

– On m'a bien raconté une sorte de légende... Mais elle paraît absurde.

– Parle, mon fils.

– On prétend qu'un magicien nommé Djédi, âgé de cent dix ans, est le dernier homme à connaître ce secret.

– Où habite-t-il ?

– Près de la pyramide de Meidoum. On raconte qu'il mange cinq cents pains et une moitié de bœuf par jour, et qu'il boit cent cruches de bière. Ce n'est pas tout : il aurait apprivoisé un lion, qui marcherait derrière lui comme un chien, et il saurait remettre en place des têtes coupées ! Tout cela n'est-il pas invraisemblable ?

– Si ce Djédi existe, je te charge de le rencontrer et de le persuader de venir au palais.

Un magicien âgé de cent dix ans

Un bateau rapide conduisit le prince Dédef-Hor à la hauteur du village de Meidoum, caché dans un bosquet de palmiers. Sur la rive, le prince monta dans une chaise à porteurs en bois d'ébène dont les brancards étaient recouverts d'or.

Dédef-Hor n'avait guère d'espoir ; à son avis, le magicien Djédi n'existait que dans l'imagination des conteurs.

Le prince s'arrêta à l'entrée du village où se trouvait la demeure du maire, un homme bedonnant, amateur de viandes grasses et de bons vins. Dès qu'il fut averti de la venue du fils de Khéops, il se précipita au-devant de lui.

– Je suis très flatté, prince ! Votre présence honore mon village. Que puis-je faire pour vous servir ?

– On m'a parlé d'un magicien très âgé qui vivrait dans ton village.

– Djédi ?

– Oui, c'est bien ce nom-là.

– Djédi a cent dix ans, mais toujours bon pied bon œil ! Je vous préviens, prince, il est très indépendant et n'a pas bon caractère. De plus, il n'apprécie guère les visiteurs... Sans vous commander, prince, vous feriez mieux de ne pas vous préoccuper de ce vieux grincheux.

– Où habite-t-il ?

– Au bord du Nil, à la sortie du village.

Le prince Dédef-Hor remonta dans la chaise à porteurs qui le conduisit jusqu'à la propriété de Djédi, une petite maison blanche, à l'ombre d'un palmier.

Personne pour accueillir le fils de Khéops et sa suite. Dédef-Hor mit pied à terre et contourna la maison. Il trouva un homme robuste, aux cheveux blancs, couché sur une natte. Deux serviteurs s'occupaient de lui ; l'un lui massait la tête avec de la pommade, l'autre les pieds.

– Je suis le prince Dédef-Hor, fils de Khéops ; es-tu Djédi ?

– C'est bien moi.

– Mais... Tu ne parais pas être âgé de cent dix ans !

– Tel est pourtant mon âge exact.

– Ton corps n'est pas celui d'un vieillard ! À cet âge-là, on est proche de la mort et l'on ne songe qu'à un bel enterrement.

Toi, tu sembles en pleine santé, comme si tu n'avais aucune maladie, pas même un rhume ou une quinte de toux ! Mais pardonne-moi... Je n'ai pas salué comme il convient un personnage de ta qualité. C'est mon père Khéops qui m'envoie pour t'inviter au palais, où tu mangeras des aliments exquis et raffinés que le roi réserve à ceux et à celles qui acceptent de le servir. Ta fin de vie sera paisible et tranquille, Pharaon t'offrira un magnifique tombeau où tu vivras l'éternité en compagnie de tes ancêtres.

Djédi se leva. Impressionné, le fils de Khéops constata que le magicien était une sorte de géant, à la musculature puissante.

– Sois en paix, fils du roi, aimé de son père, le pharaon Khéops, à la voix juste ! Qu'il te donne un rang remarquable parmi les sages, si tu en es capable ; que ton énergie spirituelle combatte le mal et les ténèbres, qu'elle te fasse connaître les chemins qui conduisent à la porte de l'éternité.

Les poings sur les hanches, Djédi sourit et ajouta :

– N'est-ce pas ainsi que l'on doit saluer un fils de roi ?

Dédef-Hor tendit les mains à Djédi, qui les serra.

– Merci de me recevoir ainsi.

– Tu craignais que je me comporte comme un vieux grincheux, n'est-ce pas ? Je n'aime pas être dérangé, c'est vrai, mais le service de Pharaon passe avant tout. Sans Pharaon, ce pays serait livré aux criminels, aux voleurs et aux destructeurs. Grâce à lui, la Règle divine est appliquée sur terre, et nous vivons en paix.

– Acceptes-tu de venir au palais ?

– À une condition : fais-moi préparer deux bateaux où seront transportés tous mes manuels de magie. Sans eux, je ne peux rien faire.

Les miracles du magicien Djédi

Pendant le court voyage, le prince Dédef-Hor offrit à Djédi une bière fraîche, provenant de la brasserie du palais. Le magicien apprécia l'excellent breuvage et goûta aussi la beauté du paysage ; comme le bleu du Nil étincelait, comme le vert des cultures était doux, comme la lumière du ciel élevait l'âme !

Dès son arrivée au palais, le prince demanda à une armée de serviteurs de s'occuper du magicien et de satisfaire ses moindres besoins ; puis il se rendit en toute hâte au bureau où le pharaon Khéops travaillait avec son ministre de l'Agriculture.

– Pardonnez-moi de vous interrompre, mais j'ai trouvé Djédi.

– Où est-il ?

– Ici, au palais.

– Amène-le-moi immédiatement dans la grande salle d'audience.

La grande salle d'audience du palais de Khéops rendait muets d'admiration ceux qui y étaient admis : piliers de granit sur lesquels était inscrit le nom du pharaon, sol d'argent, murs de calcaire décorés de motifs géométriques verts et bleus.

Portant la couronne blanche de Haute-Égypte emboîtée dans la couronne rouge de Basse-Égypte, tenant dans la main droite un sceptre en forme de crosse de berger, symbole de sa capacité à rassembler son peuple, Khéops était assis sur un trône en bois doré.

Djédi s'inclina devant son souverain.

– Dissipons un premier mystère, dit le pharaon ; comment ai-je pu ignorer si longtemps ton existence ?

– J'ai vécu tranquille et caché, Majesté, et je ne m'en plains pas ; ainsi, j'ai mené mes recherches sans être importuné. Mais aujourd'hui, vous m'avez appelé et je suis venu.

– On raconte beaucoup d'histoires à ton sujet.

– C'est normal, à propos d'un magicien qui vient d'atteindre un grand âge.

Khéops devait mettre Djédi à l'épreuve pour être certain qu'il était un magicien sérieux.

– Sais-tu vraiment remettre en place une tête coupée, Djédi ?

– Oui, Majesté, je suis capable de le faire.

Le roi s'adressa à son fils.

– Dans la grande prison est détenu un condamné à mort pour le meurtre de son frère ; qu'il soit exécuté, comme prévu, et qu'on amène son cadavre ici. Sa tête sera coupée et Djédi la remettra en place.

Le magicien protesta avec vigueur.

– Majesté, je refuse de pratiquer cette expérience sur un être humain ; n'appartenons-nous pas tous au troupeau sacré de Dieu ? La Règle interdit d'agir ainsi.

– Tu as raison, Djédi, et je suis heureux de ton refus. Ta magie ne t'a pas rendu ivre de vanité.

– Qu'on m'amène une oie, demanda Djédi.

Un serviteur apporta une belle oie grasse dont il avait déjà tranché la tête.

– Que l'on place le corps de cette oie au pied du mur ouest de la salle et sa tête au pied du mur est, exigea le magicien.

Djédi se concentra, regarda avec intensité le corps de l'animal, puis sa tête.

– Que ce qui a été séparé soit à nouveau réuni, dit-il d'une voix grave qui fit frissonner le prince.

Le corps de l'oie s'anima, se mit sur ses pattes et avança en se dandinant, en direction de sa tête qui remuait en tous sens. Dès que le corps fut à proximité, la tête se rajusta au cou et la belle oie grasse gloussa de plaisir.

– L'oie est un animal de petite taille, observa le pharaon ; réussirais-tu, s'il s'agissait d'un bœuf ?

– Mettez-moi à l'épreuve, Majesté.

Avec le bœuf, le magicien Djédi connut le même succès ; la tête de l'animal fut rattachée à son cou et il quitta bien vivant la salle d'audience en beuglant.

À présent, Khéops était persuadé que Djédi connaissait les secrets de la magie ; le moment était venu de lui poser la question essentielle.

– On prétend que tu connais le nombre des chambres secrètes de Thot.

– Hélas, Majesté, ce secret-là est perdu ! Mais il existe un moyen de le retrouver.

– Lequel, Djédi ?

– Dans la chambre des archives de la cité du Soleil est conservé un coffre en pierre. À l'intérieur se trouve un plan qui révèle le nombre et les mesures des chambres secrètes de Thot.

– Eh bien, Djédi, va chercher ce coffre et apporte-le-moi.

– Démarche inutile, Majesté, car je suis incapable de l'ouvrir.

– Qui en sera capable ?

– Il est écrit : c'est l'aîné des trois enfants que va mettre au monde la dame Râ-djédet qui t'apportera ce coffre et l'ouvrira pour toi.

– Qui est cette femme ?

– L'épouse d'un prêtre de Râ... Mais ce dernier ignore la vérité : le vrai père des trois enfants qui vont naître, c'est le dieu Râ lui-même. La dame Râ-djédet l'ignore aussi, et le secret doit être préservé.

– Quel sera le destin de ces trois enfants ?

– Ils deviendront des rois et exerceront leur fonction bienfaisante dans le pays entier.

– Autrement dit, ce sont mes successeurs !

– Ne soyez ni fâché ni inquiet, Majesté. Après vous, régneront votre fils, puis le fils de votre fils, puis seulement les enfants de la dame Râ-djédet, qui accouchera le quinzième jour du premier mois de l'hiver. L'aîné des trois garçons sera le grand prêtre de la cité du Soleil et portera le titre de « grand voyant » ; c'est pourquoi il pourra vous révéler le secret du coffre de pierre. Mais il y a un danger, Majesté...

– Lequel ?

– Cette naissance s'annonce difficile et comporte de nombreux risques.

– Voici mes décisions, Djédi : tu appartiens désormais à la maisonnée de mon fils, tu auras une belle demeure, et l'on te livrera chaque jour mille pains, cent cruches de bière, de la viande de bœuf, de l'ail, des oignons et des poireaux. Et je ferai bâtir pour toi un magnifique tombeau. Mais auparavant, il te faut remplir une mission : va auprès de la dame Râ-djédet, veille sur elle et ramène-moi son fils aîné.

La naissance des trois rois

Quand le magicien Djédi arriva chez la dame Râ-djédet, il trouva son mari, Ouzère, assis sur le seuil de sa maison, la tête dans les mains.

– Pourquoi es-tu triste, Ouzère ?

– Ma femme va avoir un enfant, mais j'ai peur pour sa santé.

– Ne t'inquiète pas : je suis le magicien Djédi et je suis venu l'aider.

Ouzère leva vers Djédi des yeux pleins d'espoir.

– C'est vrai, c'est bien vrai ?

– Grâce à mes textes magiques, j'éviterai toute souffrance à ton épouse.

– Quel est ton prix, magicien ?

– Ne te préoccupe pas de mon salaire ; ce sont les dieux qui s'en chargeront.

Djédi déroula plusieurs rouleaux de papyrus et lut les formules qui protégeraient de tout mal la mère et ses enfants.

Alors que l'accouchement était sur le

point de se produire, quatre femmes se présentèrent avec un homme à la porte de la maison. Vêtues de robes courtes, joliment maquillées, elles étaient jeunes et souriantes ; un robuste gaillard portait leurs bagages. Sans nul doute, des danseuses et des musiciennes professionnelles qui allaient de village en village pour distraire les habitants.

Ouzère fut désorienté.

– Belles dames, je devrais vous accueillir avec joie et vous offrir un bon repas, mais mon épouse va donner naissance à notre enfant, et je n'ai pas le temps de vous traiter comme il conviendrait.

– Nous savons pratiquer un accouchement et nous pouvons aider la future mère, affirma l'une des femmes, au visage pur et lisse.

Ouzère se tourna vers Djédi pour lui demander son avis.

Le regard du magicien allait au-delà de l'apparence. Dès la première seconde, il avait reconnu cinq divinités qui, sur l'ordre de Râ, avaient pris forme humaine. Il y avait Isis, la grande magicienne qui connaissait tous les secrets de la création et savait vaincre la mort ; sa sœur Nephtys, la maîtresse des temples ; Meskhénet, qui favorisait les naissances ; Héqet, qui s'incarnait volontiers dans une grenouille pour symboliser les métamorphoses incessantes de la vie ; et enfin Khnoum, le dieu qui formait les êtres sur son tour de potier.

– N'êtes-vous pas magicien ? demanda la déesse Nephtys à Djédi.

– Pour vous servir.

– Ne perdons pas de temps, la future mère est en danger.

– En danger ! répéta le mari. Qu'est-ce que nous allons faire ?

Djédi le prit par les épaules.

– Ne soyez pas inquiet ; ces personnes sont très compétentes et s'occuperont à merveille de votre épouse.

– En êtes-vous sûr ?

– Certain.

Djédi et les cinq divinités entrèrent dans la chambre de la dame Râ-djédet et fermèrent la porte derrière eux.

Le magicien éleva les mains à la hauteur de son visage, paumes tournées vers les divinités.

– Soyez les bienvenus, divins visiteurs !

– Puisque tu nous as reconnus, dit le dieu Khnoum, tu sais que Râ nous a ordonné d'aider cette femme à donner naissance à trois enfants qui deviendront des rois, construiront des temples et feront d'innombrables offrandes aux dieux.

Isis se plaça devant la dame Râ-Djédet, Nephtys derrière elle, et les deux autres déesses hâtèrent la naissance.

Les trois garçons mesuraient une coudée[1], avaient les membres incrustés d'or et les cheveux de lapis-lazuli.

Lorsque le père apprit que l'accouchement s'était bien passé, il laissa exploser sa joie.

– Trois fils et mon épouse en bonne santé ! Que les dieux soient remerciés ! Et vous, belles dames, je vous offre un sac d'orge.

Le dieu Khnoum prit le sac sur ses épaules, et les cinq divinités s'éloignèrent.

– Es-tu satisfait ? demanda Djédi à l'heureux père.

1. Une coudée : 52 cm.

– Je t'offrirai ce que tu souhaites, toi qui es mon bienfaiteur !

– Le pharaon Khéops désire voir ton fils aîné. Confie-le-moi, et je te le ramènerai dans quelques jours.

– Il est si petit, si fragile !

– Ne crains rien, il te reviendra fort et vigoureux.

Le secret de Thot révélé à Khéops

Lorsque le nourrisson fut présenté au pharaon, le magicien Djédi modifia le cours du temps ; cinq secondes furent comme vingt-cinq ans, et l'enfant se transforma en Grand Voyant, vêtu d'une peau de panthère ornée d'étoiles.

– Sais-tu où se trouve le coffre qui contient le secret du dieu Thot ?

– Je connais son emplacement.

– Conduis-moi.

Le Grand Voyant guida le pharaon jusqu'à la Maison de Vie de la cité du Soleil, où avaient vécu les premiers sages d'Égypte. De hauts murs protégeaient un sanctuaire dans lequel Thot lui-même avait déposé un coffre de silex.

Le Grand Voyant s'agenouilla et souleva le couvercle. Il en sortit un papyrus roulé et scellé qu'il remit à Khéops.

Le pharaon brisa le sceau, déroula le papyrus et vit qu'il existait trois chambres secrètes de Thot. Il convoqua ses architectes et leur donna l'ordre de bâtir une immense pyramide qui comprendrait trois chambres : la première souterraine, la deuxième au milieu de l'édifice et la troisième dans sa partie supérieure. Cette chambre haute abriterait le sarcophage du pharaon, dont le nom véritable était « le maître de la vie ». Et l'âme de Khéops ressusciterait chaque jour dans cette chambre haute, creusée dans la masse de la pyramide.

Le Grand Voyant redevint un enfant, le magicien Djédi le ramena à ses parents et célébra avec eux un joyeux banquet, alors que commençait la construction de la grande pyramide de Khéops, conformément à la science de Thot qui serait ainsi dévoilée aux générations futures.

La déesse des pyramides

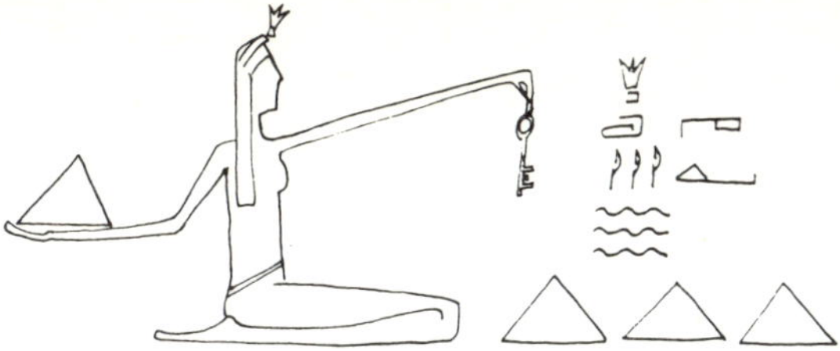

La déesse des pyramides

Suzanne[1] était une jolie jeune fille de seize ans qui travaillait comme domestique chez le maître de domaine Mémi, un riche et puissant personnage. Admis à la cour du pharaon, conseiller du ministre de l'Agriculture, Mémi employait plus de trois cents per-

1. Suzanne est un des rares prénoms égyptiens de notre langue. Il signifie « celle du lotus ».

sonnes à qui il devait, en échange de leur travail, logement, nourriture et habillement.

Les parents de Suzanne étaient décédés deux ans auparavant. Sa mère avait succombé à une grave maladie et son père, accablé par le chagrin, n'avait survécu que quelques semaines à son épouse bien-aimée avant de la rejoindre dans le « Bel Occident ». On appelait ainsi l'au-delà, qui se manifestait aux justes sous la forme d'une très belle femme au doux sourire ; elle donnait aux ressuscités de l'eau fraîche et des nourritures abondantes.

Suzanne avait cru, elle aussi, mourir de chagrin ; mais le maître de domaine Mémi, l'employeur de son père, avait su trouver les mots nécessaires pour la convaincre de lutter et de vivre. Il lui avait confié la tâche délicate de ranger dans des coffres en bois les étoffes précieuses et de veiller sur la propreté des chambres d'amis.

La beauté du lin fin de première qualité et l'élégance des robes de la maîtresse de maison avaient séduit la jeune fille ; très vite, Suzanne avait pris goût à son travail. C'était elle qui faisait brûler des parfums pour purifier la maison et veillait à éliminer le moindre grain de poussière ; experte dans le maniement des balais grands et petits, Suzanne appliquait avec rigueur de strictes règles d'hygiène qui, à plusieurs reprises, lui avaient valu les félicitations du maître et de son épouse. Dans deux ou trois ans, la jeune fille pourrait acheter une maison, se marier avec l'homme de son choix et avoir des enfants.

Pour l'heure, elle nettoyait les chambres qui allaient accueillir les invités de Mémi, à l'occasion d'un grand banquet qu'animeraient des musiciennes et des danseuses professionnelles, pendant que les invités dégusteraient des plats savoureux.

Alors que Suzanne disposait des draps sur un lit à pattes de lion, elle eut la sensation d'une présence. Elle se retourna et découvrit un jeune homme d'une vingtaine d'années, au visage réfléchi.

– Bonjour, dit-il avec un sourire timide.

– Bonjour... Je... Pardonnez-moi, je dois m'occuper d'une autre chambre. Ici, mon travail est terminé.

– Je m'appelle Sédjem et je fais mes études à Memphis, la capitale, pour devenir scribe royal. Pourrais-je connaître votre nom ?

– C'est... c'est sans intérêt. Je ne suis qu'une servante.

– Pourrais-je quand même connaître votre nom ?

– Suzanne.

– J'aimerais parler un peu avec vous.

– Mais... de quoi ?

– De la beauté des jardins de cette villa, du chant des oiseaux, des couleurs du couchant et de tant d'autres merveilles que nous offrent les dieux.

– Je n'ai pas le temps.

– À quelle heure serez-vous libre, Suzanne ?

– Avec la préparation de ce banquet, je n'ai pas une minute à moi.

Une jeune femme au nez pointu, coiffée d'une superbe perruque noire tressée et vêtue d'une longue robe de lin plissé, fit irruption dans la pièce.

– Que fais-tu ici, Sédjem ?

– Je visitais ma chambre.

– Ne te moque pas de moi... Cette servante tentait de te séduire, j'en suis sûre !

– Ne t'irrite pas ainsi, ma chère sœur.

– Un futur scribe royal ne doit pas se compromettre avec des personnes qui ne sont pas de son rang. Toi, la servante, sors d'ici et n'adresse plus jamais la parole à mon frère !

Humiliée, Suzanne quitta la chambre en courant.

La fête battait son plein. Assise au bord du Nil, Suzanne contemplait le fleuve divin dont les eaux étaient argentées par la lumière de la pleine lune. Malgré ses efforts, elle ne parvenait pas à chasser de son esprit le visage de Sédjem.

Était-ce cela, l'amour, cette présence permanente d'un être, plus important que soi-même ? Des larmes coulèrent sur les joues de la jeune fille. Si c'était l'amour, elle ne le connaîtrait jamais. Sédjem deviendrait un grand personnage, peut-être un ministre de Pharaon, et elle resterait une servante. En dépit de son agressivité, la sœur de Sédjem avait rendu service à Suzanne : il ne fallait pas que le jeune homme s'approchât d'elle. Sédjem ne songeait qu'à s'amuser, à séduire une jeune fille qu'il oublierait bien vite, après être parvenu à ses fins. Elle aussi devait oublier ce scribe au sourire trop facile.

– Suzanne...

Elle sursauta.

– C'est moi, Sédjem. Puis-je m'asseoir à côté de vous ?

– Non, partez, je vous en prie !

– N'en voulez pas trop à ma sœur ; elle a un caractère plutôt détestable, et c'est une personne très conformiste. Elle souhaite me voir accomplir une brillante carrière et surveille mes relations à la manière d'une mère poule.

– Elle a raison, nous n'avons rien à nous dire.

– J'aime beaucoup ma sœur, Suzanne, mais je me moque de ses conseils et mènerai mon existence comme je l'entends. Si vous acceptez que nous parlions ensemble, personne ne nous en empêchera, même pas elle.

– Je suis une servante, vous êtes un futur scribe royal ; qu'avons-nous en commun ?

Sédjem s'assit à la droite de Suzanne et, comme elle, regarda le fleuve.

– Vous êtes une très jolie jeune fille, au regard franc, à la parole agréable, et je suis un jeune homme studieux et sérieux. Aucune loi ne nous interdit de devenir amis.

Suzanne sourit.

– Les banquets ne m'amusent pas, continua Sédjem ; je préfère marcher seul, au bord du fleuve, et fuir la compagnie des humains. Vous êtes la première personne avec laquelle j'ai envie de bavarder, en oubliant les études. M'accordez-vous cette faveur ?

– Je m'occupe du ménage et du rangement des étoffes... À vos yeux, ce sont des tâches bien peu passionnantes.

– L'important n'est-il pas de bien faire son travail, quel qu'il soit ? Parfois, les exercices de grammaire et de mathématiques m'ennuient, et j'aimerais encore mieux manier un balai !

Des heures durant, Sédjem et Suzanne évoquèrent leur passé, leurs espoirs et leurs goûts. Ni l'un ni l'autre ne remarquèrent la présence de la sœur de Sédjem qui, cachée derrière des tamaris, ne perdit pas un mot de leur première conversation d'amoureux.

Alors qu'elle pliait des pièces de lin, Suzanne fut sèchement interpellée par l'intendante en chef.

– Pourquoi as-tu agi ainsi, Suzanne ?

– Je... Je ne comprends pas.

– Avoues-tu ta faute ou dois-je te mettre devant le fait accompli ?

– Je n'ai commis aucune faute !

– Comment appelles-tu un vol ?

Suzanne blêmit.

– Un vol...

– L'une des robes d'une invitée au banquet a disparu ; elle s'est plainte auprès de moi, et j'ai mené une enquête. Quelqu'un t'a vue cacher cette robe dans ta chambre. Je l'ai fouillée et la voici !

– C'est impossible !

– Le témoignage était formel, et les faits parlent contre toi.

– Qui a osé m'accuser ?

– Une grande dame, la sœur du scribe Sédjem, et elle avait raison.

– Elle ment !

– Je te conseille de te taire, Suzanne, et de quitter cette maison avec discrétion. Parce que je t'aime bien, je ne t'envoie pas devant un tribunal ; mais ne reste pas une seconde de plus ici.

– Je n'ai pas volé cette robe !

– Va-t'en vite.

– Je dois me défendre, je...

– Tu n'as aucune chance, Suzanne. Écoute mes conseils !

Bouleversée, la jeune fille sortit du domaine de Mémi et marcha droit devant elle. La tête vide, le cœur serré, incapable de pleurer tant elle était triste, Suzanne s'arrêta lorsque le soleil se coucha.

Face à elle, la pyramide du pharaon Mykérinos. Sans s'en apercevoir, Suzanne était arrivée au pied du plateau de Gizeh où se dressaient les trois pyramides de Khéops, Khéphren et Mykérinos. Dans les temples attenants aux pyramides, des prêtres vénéraient l'âme de ces grands pharaons.

La fin du jour était douce et paisible ; Suzanne s'assit dans le sable et contempla les admirables monuments.

Le ciel sembla s'unir à la terre dans un chatoiement de couleurs allant de l'orange au violet ; et soudain, surgissant de la masse de la pyramide, une très belle femme, vêtue d'une robe verte, se dirigea vers Suzanne.

Cette dernière fut à la fois terrorisée et fascinée.

– Qui... qui êtes-vous ?

– Pourquoi m'as-tu appelée, Suzanne ?

– Je... Je ne vous ai pas appelée.

– Écoute mieux ton cœur, Suzanne ; serais-je apparue, si tu n'avais pas invoqué la justice des dieux ? Je suis la déesse de la pyramide, celle qui protège les pierres d'éternité. Quiconque s'assied à cet endroit sans avoir le cœur pur est condamné à l'enfer. Le savais-tu ?

Suzanne observa le sol. Sans s'en rendre compte, elle s'était assise sur un très ancien bloc, couvert de signes hiéroglyphiques presque effacés.

– Puisque tu me vois, Suzanne, puisque tu es toujours vivante, c'est que ton cœur est vide de tout mal et de tout mensonge. Ton chemin sur cette terre n'est pas encore achevé ; retourne d'où tu viens et lutte pour que la vérité soit établie.

La très belle femme disparut, à la manière d'une fumée qui se dissipe.

Suzanne avait-elle rêvé ? Non, elle avait bien vu la déesse de la pyramide qui lui avait donné le courage nécessaire pour affronter la réalité.

La jeune fille revint au domaine et se dirigea vers la maison du maître, en se mêlant à des âniers qui conduisaient leurs bêtes chargées de paniers remplis de victuailles. Elle évita l'intendant, occupé à compter les paniers, mais se heurta à Sédjem.

– Suzanne ! J'ai cru que tu t'étais enfuie.

– Je suis revenue, bien que ta sœur m'accuse de vol.

– Elle se trompe, c'est évident.

– Elle veut nous nuire, Sédjem. Si tu as confiance en moi, emmène-moi auprès du maître pour que je plaide ma cause.

Mémi était assis sur un siège en bois doré et tenait dans la main droite un sceptre de commandement. Comme chaque soir, il écoutait les rapports de ses principaux collaborateurs.

– Puis-je vous parler ? demanda Sédjem, tenant Suzanne par les épaules.

– Ne protèges-tu pas une voleuse ? interrogea le maître de domaine, dont le regard sévère faillit empêcher la jeune fille de s'exprimer.

Mais en songeant à la déesse de la pyramide, Suzanne réussit à vaincre sa peur.

– Maître, je suis accusée à tort ! Jamais je n'ai songé à dérober quoi que ce soit dans votre demeure. Ne vous ai-je pas toujours fidèlement servi ?

– Seuls comptent les faits, Suzanne ; un témoin vous a vue.

– Et moi, j'ai vu la déesse de la pyramide ! Elle m'a parlé et m'a conseillé de lutter pour que la vérité soit établie.

Mémi parut intrigué.

– La déesse du « Bel Occident » n'apparaît qu'aux ressuscités qui ont comparu devant le tribunal des morts et ont été reconnus justes.

– Pourtant, maître, je l'ai vue et elle m'a parlé ! Je suis persuadée que la sœur de Sédjem n'oserait plus m'accuser, si elle comparaissait devant vous.

– Que ma sœur vienne et qu'elle s'exprime devant Suzanne, exigea Sédjem.

Conduite par un chambellan, la femme au nez pointu se présenta devant le maître de domaine ; elle n'eut pas un regard pour Suzanne.

– Réitérez-vous vos accusations ? demanda Mémi.

– Qui ose mettre ma parole en doute ? s'indigna la sœur de Sédjem.

– Suzanne affirme qu'elle est innocente.

– Cette petite voleuse doit être traînée au tribunal où elle sera condamnée à une lourde peine de prison ! Et moi, je prêterai serment sur la Règle, sans aucune hésitation.

Suzanne s'agenouilla devant la sœur de Sédjem.

– Pourquoi m'accusez-vous ainsi ? Vous savez bien que je n'ai pas volé cette robe !

– Que l'on fasse taire cette effrontée !

– C'est mon existence qui est en jeu, implora Suzanne ; vous n'avez pas le droit de la détruire !

– La prison : voilà ton avenir.

Très fière, Suzanne se releva.

– Que la déesse des pyramides nous départage, proposa-t-elle.

La femme au nez pointu haussa les épaules.

– Quelle est cette fable ?

– Cette solution me paraît excellente, jugea le maître de domaine. Qu'en pense le scribe Sédjem ?

– Puisse la déesse des pyramides nous éclairer.

En procession, Mémi le maître de domaine, Sédjem le scribe, sa sœur au nez pointu et Suzanne se rendirent au plateau de Gizeh, au soleil couchant. À proximité de la pyramide de Mykérinos, Suzanne chercha la vieille pierre sur laquelle elle s'était assise.

Mais elle ne la trouva pas.

– Elle était ici, j'en suis sûre !

La femme au nez pointu éclata de rire.

– Cette voleuse est aussi une menteuse ! Elle a inventé cette histoire pour échapper au châtiment... À présent, il va la frapper !

Seule Suzanne vit sortir de la pyramide la très belle femme vêtue d'une robe verte. Se déplaçant à la vitesse du vent, elle s'approcha de la sœur du scribe, lui saisit la main et l'entraîna sous la terre, dans les enfers où les êtres mauvais étaient châtiés.

Tous entendirent le cri de terreur poussé par la femme au nez pointu. En un instant, elle avait disparu.

– La déesse de la pyramide a rendu son jugement, estima le maître de domaine. Suzanne est innocente.

– Le mal s'était emparé de l'âme de ma sœur, déplora Sédjem.

Suzanne et Sédjem se marièrent. Jusqu'au dernier jour de son existence, Suzanne vint, chaque soir, faire une offrande de fleurs à la déesse de la pyramide.

Le secret de l'enquêteur Ouni

Le secret de l'enquêteur Ouni

Les « coureurs des sables » n'étaient plus qu'à une centaine de mètres de l'Égyptien Ouni et de son commando d'élite. Ces maudits bédouins attaquaient les caravanes, tuaient les marchands et s'emparaient de leurs biens. Alerté par les plaintes des survivants, Pharaon avait décidé d'intervenir et envoyé un homme de confiance, Ouni, à la poursuite des criminels. Ce dernier avait mené une belle carrière : surveillant des greniers, intendant du palais royal, magicien et, à présent, chef des corps d'armée partis pourchasser les coureurs des sables. C'était Ouni en personne qui avait établi la stratégie : attaquer à plusieurs endroits en même temps pour empêcher les tribus de bédouins d'établir leur jonction et d'être donc plus puissantes.

Ouni avait donné des consignes strictes à ses soldats : ils devaient se comporter de manière impeccable, sans causer le moindre trouble à la population des régions traversées. Aucun militaire ne devait dérober aux civils du pain, des sandales, des étoffes ou une chèvre, sous peine d'être lourdement sanctionné. Les consignes ayant été respectées, Ouni n'avait pas eu à sévir.

Le chef de l'armée égyptienne n'avait pas une allure guerrière ; formé dans une école de scribes, il était d'un tempérament paisible. Mais le pharaon lui avait confié une tâche essentielle et, malgré son peu de goût pour l'exercice, Ouni se montrait aussi résistant qu'un soldat bien entraîné.

La tribu des coureurs des sables s'était rassemblée au lieu dit « la Tête de la gazelle » pour boire et manger. Les hors-la-loi avaient déposé les armes et se félicitaient de leur dernier pillage.

Tels des faucons, les Égyptiens se précipitèrent sur leurs adversaires et ne leur laissèrent même pas le temps de se défendre. Leur chef, qui avait une plume rouge plantée dans ses cheveux noirs, tenta vainement de s'enfuir.

Le raid fut une parfaite réussite : Ouni avait capturé une bande particulièrement dangereuse et aucun soldat égyptien n'avait été blessé. Les officiers récupérèrent les objets volés aux marchands ; l'un d'eux, visiblement ennuyé, s'adressa à Ouni :

– Je viens de découvrir un objet insolite... Qu'en pensez-vous ?

L'officier tendit à Ouni une dague à la lame très fine et au manche doré couvert d'hiéroglyphes.

Ouni réussit à masquer sa surprise et son émotion.

– C'est un bel objet... Je le donnerai moi-même au chef du Trésor.

Sur le bateau qui le ramenait à la capitale, Ouni passa des nuits blanches.

D'après les hiéroglyphes, cette dague appartenait au pharaon lui-même ! Comment avait-elle pu parvenir à ce campement de coureurs des sables ? Sans nul doute, grâce à quelqu'un appartenant au proche entourage du roi.

Un complot se préparait... Et s'il réussissait, le pays ne sombrerait-il pas dans le malheur ?

Ouni était pressé d'arriver au palais. Par bonheur, le Nil ne se mit pas en colère, les marins utilisèrent au mieux le courant et le voyage fut rapide.

Dès qu'il débarqua, Ouni demanda au pharaon Téti de le recevoir.

– Qu'as-tu à me dire, ami unique et fidèle serviteur ?

– Des coureurs des sables ont été arrêtés, Majesté, et les caravanes sont à l'abri du danger.

– Tu as fait de l'excellent travail, Ouni.

– Je suis préoccupé, Majesté, l'objet que voici a été découvert dans le campement de nos ennemis.

Ouni montra la dague au pharaon.

Le visage du roi Téti s'assombrit.

– Cette dague a été volée dans le trésor royal… Quelqu'un l'a fait parvenir à nos pires adversaires pour préparer une agression contre ma personne. Il faut identifier le criminel, Ouni.

– N'est-ce pas le travail de la police, Majesté ?

– Je n'ai confiance qu'en toi et je te donne les pleins pouvoirs. Réussis, et réussis vite, ami unique ; c'est l'avenir du royaume qui est en jeu.

La nouvelle mission d'Ouni s'annonçait des plus difficiles. Certes, il connaissait bien la Cour, les hauts fonctionnaires, les ambitieux, les incapables, les réseaux d'influence, les personnes qui comptaient et celles qui croyaient compter ; mais il lui faudrait mener des interrogatoires discrets, pour éviter d'éveiller les soupçons du coupable.

Ouni interrogea d'abord les dignitaires chargés de veiller sur le trésor royal ; mais il s'agissait de vieux serviteurs dont l'honnêteté ne pouvait être mise en doute. Quant aux orfèvres, ils étaient surveillés de près, et chacun avait une haute idée de son métier et de ses devoirs.

Comme il le redoutait, Ouni fut obligé de s'intéresser aux grandes dames de la Cour qui avaient accès au trésor pour y prendre des parures et des bijoux qu'elles portaient lors des fêtes royales.

Ouni se montra aimable et conciliant ; aussi obtint-il quelques confidences qui, malheureusement, ne firent pas avancer son enquête. Il ne lui restait plus qu'une seule personne à interroger : la reine d'Égypte. Bien entendu, elle ne pouvait pas être mise en cause ; mais peut-être détenait-elle, à son insu, une information importante. Aussi Ouni demanda-t-il audience à la souveraine.

Juste avant cet entretien, le pharaon Téti convoqua Ouni.

– As-tu progressé, ami unique ?

– Malheureusement non, Majesté.

– Le secret de ta mission a-t-il été préservé ?

– J'ai agi avec une totale discrétion, Majesté.

– Ta mission est terminée.

– Connaîtriez-vous le coupable, Majesté ?

– Le chef des coureurs des sables a dénoncé son complice pour éviter une lourde condamnation.

– De qui s'agit-il ?

– Du prêtre Râ-our, chargé de veiller sur la barque divine.

Ouni ne cacha pas son étonnement.

– C'est un homme réputé pour sa sagesse... Pourquoi aurait-il volé cette dague ?

– Cette révélation me paraît surprenante, en effet ; c'est pourquoi je vais soumettre Râ-our à une épreuve.

La reine était une femme hautaine, aux yeux d'un vert intense ; issue d'une famille modeste, elle avait dû lutter pour s'imposer à la Cour.

– On dit le plus grand bien de vous, Ouni.

– J'ai pourtant une tâche pénible à accomplir, Majesté.

– En quoi me concerne-t-elle ?

– Vous pourrez peut-être m'éclairer.

– Que voulez-vous savoir ?

– Une dague a été volée dans le trésor royal.

La réaction de la reine surprit Ouni.

– Ainsi, vous savez tout ! J'aurais dû parler, sans doute, mais j'ai voulu épargner l'une de mes servantes, une Libyenne, qui a cru faire fortune en vendant cette arme à un coureur des sables. Bien entendu, elle n'a rien reçu en échange, m'a avoué sa faute et m'a suppliée de lui pardonner. J'espérais que cette malheureuse affaire serait oubliée.

Ouni courut jusqu'au temple où le pharaon célébrait le rite de « haler la barque divine » qui consistait à saisir la corde de proue, en présence de plusieurs prêtres, au nombre desquels figurait Râ-our.

Ouni ignorait la nature de l'épreuve à laquelle le pharaon comptait soumettre l'homme accusé à tort, mais il craignait pour sa vie. Avant l'irréparable, Ouni devait apprendre au roi l'innocence de Râ-our.

Sur le seuil de la salle de la barque, Ouni assista à la scène.

Alors que Râ-our se prosternait devant le pharaon, le sceptre que tenait Téti frappa la jambe du prêtre.

Chacun eut le souffle coupé : le prêtre risquait d'être foudroyé ! À l'exception du pharaon régnant, personne ne pouvait être en contact avec le sceptre chargé de magie.

Mais Téti prononça quelques mots :

– Porte-toi bien, Râ-our.

Incrédule, le prêtre regarda sa jambe ; elle n'était ni brûlée, ni douloureuse.

– Majesté, dit Ouni, ce prêtre est innocent.

– S'il ne l'était pas, dit Téti, il ne serait pas en bonne santé ; j'ai conjuré moi-même la magie de mon sceptre lorsque j'ai vu qu'il n'y avait aucun mal dans le cœur de cet homme. Mais si tu le sais aussi, Ouni, c'est que tu connais la vérité, n'est-ce pas ?

Ouni s'inclina en souriant.

– Votre Majesté m'a demandé de mener mon enquête avec la plus grande discrétion ; comme il est certain que le royaume ne court aucun danger, Pharaon me permet-il de garder le secret ?

– Oublions les affaires humaines, ami unique, et préoccupons-nous de la barque divine.

Le pygmée et l'enfant-roi

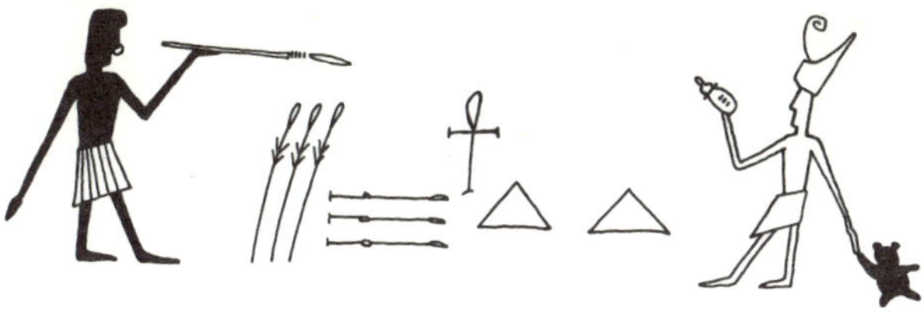

LE PYGMÉE ET L'ENFANT-ROI

Le soleil était écrasant. Pas un souffle de vent ne venait rafraîchir les hommes placés sous le commandement de l'explorateur Hirkouf qui, tête nue, marchait à la tête de la petite troupe de soldats d'élite rassemblés pour explorer une région inconnue de Nubie[1]. Sur le visage bronzé d'Hirkouf, pas le moin-

1. Nubie : province du sud de l'Égypte.

dre signe de fatigue. Grand, fort, autoritaire, l'aventurier avait déjà beaucoup voyagé dans les contrées sauvages, bien au-delà de la frontière sud de l'Égypte, et s'était heurté à des tribus guerrières.

Hirkouf ne se décourageait jamais. Le pharaon lui avait confié une mission : découvrir les trésors de la Nubie, cette région d'Afrique que personne n'avait encore complètement explorée.

Et cette mission, Hirkouf la remplirait.

– Chef, on ne pourrait pas s'arrêter un peu ?

Hirkouf se tourna vers l'homme qui lui avait adressé la parole.

– Si tu veux t'arrêter, fais-le ; tu mourras ici, et les vautours se chargeront de nettoyer ton cadavre.

– On va marcher encore longtemps ?

– Jusqu'à la tombée du jour.

L'homme se tut et mit un pied devant l'autre. Avec Hirkouf, c'était toujours ainsi : il exigeait le maximum et n'admettait pas la fatigue. Lui seul connaissait les points d'eau, et il fallait bien lui obéir.

Pour se réconforter, les hommes pensèrent au dîner : de la viande de gazelle rôtie, du pain et des dattes. La région ne manquait pas de gibier, les archers égyptiens étaient adroits. Au moins, on était sûr de ne pas mourir de faim. Mais à part des singes, des panthères, des lions, des girafes et des éléphants, quels trésors pouvait bien receler cette région perdue, si loin de la belle capitale de l'Égypte, Memphis, de ses temples en pierre, du palais royal et des jolies villas blanches cachées dans la verdure ?

Le palais royal... Hirkouf ne cessait d'y songer. Un drôle de pharaon venait de monter sur le trône pour gouverner les Deux Terres, la Haute et la Basse-Égypte. Un pharaon nommé Pépi et qui présentait une particularité étonnante : il n'était âgé que de dix ans ! C'étaient les sages qui l'avaient choisi, au grand mécontentement de certains chefs de province et de ministres influents, persuadés que cet enfant serait le jouet de courtisans ambitieux, à l'esprit vicieux.

Beaucoup prédisaient un règne très bref au pharaon enfant. Quand Hirkouf se présenterait au palais, s'il parvenait à sortir vivant de Nubie, qui donc régnerait ?

Une nouvelle querelle opposa le maître d'œuvre Méri au directeur de l'administration, Kéda. Aimé des dieux Râ, la lumière divine, et Ptah, le protecteur des bâtisseurs, Méri était un vieil homme, admiré de tous. Généreux, épris de justice, il avait été placé à la tête du conseil des sages chargés de choisir le pharaon. Et ce choix s'était porté sur un garçonnet auquel les voyants avaient prédit un très long règne.

Cette décision avait rendu furieux Kéda, un scribe âgé d'une quarantaine d'années. Les joues rebondies, le nez rond, les sourcils épais, le directeur de l'administration était un homme rude, exigeant et difficile à vivre.

– Ce garçon est incapable de régner, Méri, et tu le sais aussi bien que moi !

– Nous l'aiderons à se former à la pratique du pouvoir.

– Et s'il prend des décrets stupides ?

– Tu es trop anxieux, dit Méri avec un bon sourire ; ce sont les dieux, en réalité, qui ont choisi ce pharaon. Nous autres n'avons été que leurs interprètes.

– De mauvais interprètes ! Je ne te comprends pas, Méri. Comment toi, un homme d'expérience, peux-tu accorder ta confiance à ce garçon ?

– Les voyants ont estimé que Pépi s'imposait comme pharaon, et j'ai partagé leur conviction en l'observant. Ne faut-il pas distinguer le futur grand arbre dans la jeune pousse ?

– Et rien ne saurait te faire revenir sur ta décision ?

– Apaise-toi, Kéda, et rassure-toi : Pépi sera un grand pharaon.

Malgré son jeune âge, Pépi était soumis à la règle de vie des pharaons d'Égypte. Au lieu de jouer avec des camarades, il devait recevoir ses ministres et les écouter parler d'affaires sérieuses.

Aussi Kéda n'hésita-t-il pas à lui demander audience.

– Je suis le directeur de votre administration, Majesté.

– Ah... Et que fais-tu exactement ?

Kéda se lança dans un long discours où il exposa, en termes très compliqués, les multiples tâches qu'avaient à accomplir les techniciens et les scribes pour assurer le bien-être du royaume.

Et il termina par une phrase qui fit tressaillir le jeune Pépi :

– En cas de faute ou d'erreur grave, c'est le roi qui est responsable devant les dieux et devant son peuple.

– Le roi... Tu veux dire : moi, Pépi ?

– Je ne pensais pas à vous, Majesté ; je

me contentais de rappeler la loi. Elle est dure, je le reconnais. Ne devriez-vous pas avoir d'autres préoccupations que le gouvernement du pays ?

Le jeune roi se mit en colère.

– Que cherches-tu à me dire vraiment, Kéda ? Ah oui, je vois... Tu penses qu'un petit homme comme moi est incapable de remplir sa fonction et d'obéir aux sages. Pourtant, ils m'ont choisi. Mais peut-être se sont-ils trompés ?

– Majesté, je ne voulais pas...

– À ta manière, tu as été sincère, et c'est tant mieux ! Eh bien, Kéda, attendons le jugement des dieux. Ou bien ils démontreront que je suis incapable de régner, ou bien ils m'enverront un signe. Et toi aussi, tu seras convaincu.

Le feu tenait à l'écart les animaux sauvages, les hommes dormaient sous la protection des sentinelles. Depuis de longues minutes, Hirkouf fixait un point précis, un buisson qui avait remué de façon curieuse. Puisqu'il n'y avait pas de vent, un être vivant devait se cacher là pour épier les membres de l'expédition et préparer un mauvais coup.

Hirkouf connaissait la rapidité des Nubiens à la course ; s'il donnait l'alerte à son ennemi, il disparaîtrait dans la savane avant qu'il n'ait eu le temps de l'intercepter.

L'explorateur se déplaça très lentement et sans bruit, en rampant dans l'obscurité pour contourner le buisson. Il courait le risque de rencontrer un serpent, mais il voulait identifier l'adversaire.

Gagnant centimètre après centimètre, Hirkouf réussit sa délicate manœuvre.

Grâce à la lumière de la lune, l'explorateur vit enfin son ennemi : un enfant !

Un enfant noir, vêtu d'un pagne et armé d'une sagaie.

Le combat serait inégal. Hirkouf n'eut plus qu'une pensée : maîtriser le garçonnet sans le blesser.

Soudain, le petit ressentit une présence ; très vif, il se retourna, lança sa sagaie en direction d'Hirkouf qui s'écarta juste à temps, et prit ses jambes à son cou. L'explorateur entama une poursuite qui fut de courte durée. Il plaqua l'enfant au sol et, avec une liane, lui ligota les mains derrière le dos.

– Ne t'inquiète pas, petit ; je n'ai pas l'intention de te tuer.

– Tue-moi, au contraire ! Je préfère la mort au déshonneur.

La voix était grave et digne. Et le petit homme, musclé, portait une courte barbe.

– Mais... Tu n'es pas un enfant !

– J'appartiens à la race des pygmées et je suis le chef d'une tribu, fière de ses ancêtres et de sa sagesse.

Le maître d'œuvre Méri s'inclina devant le pharaon Pépi.

– Majesté, voici une lettre de l'explorateur Hirkouf.

– Une lettre... de Nubie ?

– Hirkouf a rédigé un long rapport qui est parvenu jusqu'à nous grâce aux messagers royaux. J'ai pensé que vous aimeriez en prendre connaissance sans délai.

– Que nous apprend Hirkouf ?

– Son expédition se déroule bien, aucun de ses hommes n'est malade, et il reprendra bientôt le chemin de l'Égypte pour vous rapporter les richesses de la Nubie. Et il y aura un étrange passager à bord : un pygmée.

– Décris-le-moi.

Quand Méri eut terminé sa description, le jeune pharaon était en proie à une vive exaltation.

– Écris tout de suite à Hirkouf, exigea-t-il, et ordonne-lui de revenir le plus vite possible au palais. Qu'il prenne grand soin de ce pygmée, qu'il ne permette à personne de l'approcher, qu'il reste jour et nuit à côté de lui ! Ce pygmée compte pour moi plus que tout.

Sur le bateau qui descendait le Nil en direction de la capitale, Hirkouf relut la lettre de son jeune souverain. « Car Ma Majesté, concluait Pépi, désire voir ce pygmée plus que tous les trésors des pays merveilleux. »

Par bonheur, Hirkouf n'avait pas relâché son prisonnier ; malgré ses protestations, il l'avait fait monter à bord. Réticent et boudeur, le pygmée avait fini par accepter de la purée de figues, du poisson séché et de la bière douce.

– Où m'emmènes-tu ?

– À la Cour du pharaon Pépi. Il désire te voir, et c'est un grand honneur pour toi.

– Je ne veux pas y aller !

– Tu n'as pas le choix, l'ami ; j'ai songé à te libérer, mais à présent, c'est Sa Majesté en personne qui te réclame et je dois veiller personnellement sur toi en te considérant comme le trésor le plus précieux de ma cargaison.

Flatté, le pygmée se détendit.

– J'aurai beaucoup à manger et personne ne me fera de mal ?

– Tu as ma parole.

Quand Hirkouf installa le pygmée dans sa cabine, il suscita la jalousie de ses officiers. Pourquoi traitait-on avec tant d'égards cet étranger ?

La nuit précédant l'arrivée à Éléphantine, la grande et belle cité bâtie à la frontière sud de l'Égypte, un officier pénétra dans la cabine, étouffa les cris du pygmée et tenta de le jeter dans le Nil.

La poigne puissante d'Hirkouf agrippa l'agresseur et l'obligea à relâcher sa victime sur le pont.

– Qu'est-ce qui te prend, imbécile ?

– Ce négrillon porte malheur, chef !

– S'il arrive en excellente santé à la capitale, il fera notre bonheur à tous.

– C'est sûr, ça ?

– Pharaon en personne désire le voir, et moi, j'obéis au maître de l'Égypte. Qui tentera quoi que ce soit contre ce pygmée me trouvera sur son chemin. Est-ce bien clair ?

La déclaration d'Hirkouf calma les esprits. Les marins s'habituèrent à la présence du pygmée, lui apportèrent volontiers à manger, plaisantèrent avec lui et demeurèrent de chaque côté du bateau pour lui éviter de tomber à l'eau.

Des soldats de la garde privée du pharaon accueillirent l'expédition au principal débarcadère de la capitale et conduisirent Hirkouf et le pygmée au palais.

Assis sur son trône, coiffé de la double couronne, le jeune Pépi était entouré des principaux dignitaires de la cour.

Bien campé sur ses jambes, le pygmée ouvrit de grands yeux étonnés.

– On m'a dit que le pharaon d'Égypte voulait me voir.

– Je suis le pharaon.

– Toi ? Mais tu n'es qu'un enfant !

– Un petit homme, comme toi.

– Je dirige une tribu, moi aussi ! M'accordes-tu le droit de vivre ?

– À une condition : montre-moi de quoi tu es capable.

Le pygmée hésita quelques instants. À la réflexion, un rite s'imposait : puisqu'il avait la chance de garder la vie sauve, il lui fallait exprimer sa joie selon la coutume de sa tribu.

Alors, le pygmée dansa.

Presque aussitôt, un orchestre composé de trois musiciennes jouant de la flûte, de la harpe et du tambour accompagna ses mouvements gracieux.

– Danse, dit Pépi, danse la danse des dieux pour réjouir le cœur de Pharaon !

Le pygmée fut si talentueux qu'il enchanta tous les cœurs.

Quand il eut terminé, le roi appela Kéda.

– Ce petit homme n'est-il pas un chef de tribu et un grand danseur, Kéda ? Voilà le signe que les dieux nous offrent : ce pygmée semblait petit et, pourtant, c'est un être accompli. Ma propre petitesse d'aujourd'hui ne m'empêchera pas de grandir et d'assumer ma tâche. Je garderai ce pygmée auprès de moi, car il met fin à la tristesse. Tant qu'il dansera la danse des dieux, la danse des étoiles, ce royaume sera en paix.

Kéda s'inclina et sa rancœur disparut.

Quant au pharaon Pépi, il vécut jusqu'à l'âge de cent ans, et son règne fut le plus long de l'Histoire.

La sandale de Nitocris

La sandale de Nitocris

Nitocris était une magnifique jeune femme de vingt ans, au teint de rose, élancée, belle comme une déesse. Elle vivait dans un petit village de Basse-Égypte et assistait son père, un scribe des troupeaux, dont le travail consistait à compter les têtes de bétail et à éviter les conflits entre les éleveurs. Nitocris savait lire, écrire et compter ; elle succéderait à son père lorsque ce dernier prendrait sa retraite.

Tous les garçons du village et des alentours voulaient l'épouser ; mais la jeune femme n'en aimait aucun et avait fermement repoussé leurs propositions. Pourtant, ils revenaient sans cesse à l'assaut, et Nitocris bataillait pour les écarter.

– Pourquoi refuses-tu de te marier ? lui demanda son père.

– Je n'ai pas encore rencontré l'homme avec lequel je partagerai mon existence.

– Le fils du maire est un beau garçon.

– Beau, mais stupide.

– Et celui du maître de domaine ?

– Laid et prétentieux.

– Ta mère et moi souhaitons te voir heureuse, Nitocris ; c'est toi qui prendras ta décision, et personne d'autre.

Nitocris embrassa son père sur les deux joues.

– Tu comprends mes exigences, n'est-ce pas ?

– J'ai le sentiment que ton destin ne sera pas ordinaire et qu'il n'existe aucune possibilité de t'influencer !

– Je vais me baigner dans le canal ; à cette heure, personne ne m'importunera.

Au milieu d'un après-midi de printemps ensoleillé, les garçons étaient partis à la chasse ou jouaient au ballon. La belle jeune femme ôta ses sandales, se déshabilla et se glissa dans l'eau dont la fraîcheur lui parut délicieuse.

Elle nagea longtemps. Au moment où elle retourna vers la rive, un jeune homme lui fit des signes de la main.

– Nitocris, j'ai tué un lièvre et je te l'offre ! Veux-tu que je t'aide à remonter ?

Armé d'un arc et de flèches, le fils du maire se vantait d'être le meilleur chasseur de la région.

– Éloigne-toi, exigea Nitocris.

– Pas question ! Je désire te parler.

– Lance ma robe dans l'eau et retourne-toi.

– Ne fais pas tant d'histoires ! Tu sais bien que je serai ton mari.

– Ma robe, vite !

À contrecœur, le fils du maire jeta le vêtement dans le canal ; Nitocris s'en revêtit avec nervosité et sortit de l'eau.

– Je ne t'épouserai jamais.

– J'obtiens toujours ce que je veux, affirma le fils du maire.

– Moi, ce que je veux, c'est que tu t'en ailles et que tu cesses de m'importuner !

La jeune femme s'apprêtait à chausser ses sandales lorsqu'un bruit d'ailes lui fit lever la tête.

Un faucon pèlerin fondit vers le sol à la vitesse de l'éclair, prit l'une des sandales dans ses serres et repartit vers le ciel.

Le fils du maire banda son arc et visa le rapace.

– Non, intervint Nitocris, ne tire pas ! Le faucon est l'animal sacré du dieu Horus, le protecteur de Pharaon ; nul n'a le droit de le tuer.

Penaud, le jeune homme baissa la tête.

– Tu m'as évité de commettre une belle bêtise, Nitocris.

– Je rentre chez moi ; surtout, ne me suis pas.

Pharaon présidait le conseil des ministres dans le jardin du palais ; la température agréable et la douceur du soleil rendaient le travail moins austère. Monté sur le trône depuis quelques mois, le roi était encore célibataire, mais ne pourrait le rester longtemps. La Règle exigeait qu'une grande épouse royale régnât à ses côtés. Pourtant, aucune des prétendantes ne lui plaisait ; ambitieuses, vaniteuses, trop préoccupées de leur petite personne, elles l'ennuyaient. À l'idée de passer une existence entière en compagnie de l'une de ces arrivistes, le maître de l'Égypte était déprimé ; aussi écoutait-il d'une oreille distraite les déclarations de son ministre des Finances.

– Majesté, attention ! cria ce dernier.

Un faucon pèlerin fonçait en piqué vers le roi qui n'eut pas le temps de réagir. Quelque chose lui tomba sur les genoux, il y eut un bruissement d'ailes, et le rapace disparut dans le soleil.

« Une sandale, constata pour lui-même Pharaon. Le faucon m'a apporté une sandale. »

– Êtes-vous blessé, Majesté ?

– Non, tout va bien... Mais comme cette sandale est jolie ! Ou, plutôt, comme le pied de la jeune femme qui s'y glisserait doit être admirable ! En touchant ce cuir souple et fin, j'ai l'impression de la voir... Elle est la plus belle des Égyptiennes, j'en suis certain ! Il faut la trouver.

– Mais, Majesté...

– Que le chef de la police envoie ses hommes dans toutes les villes et dans tous les villages, et qu'il fasse essayer cette sandale à toutes les jeunes filles. Et lorsqu'il aura trouvé sa propriétaire, qu'il me l'amène.

Le fils du maire se dirigeait vers la demeure de Nitocris lorsqu'il aperçut des policiers qui se livraient à une curieuse tâche : ils faisaient essayer une sandale à la fille du coiffeur !

Le jeune homme s'approcha.

– Que se passe-t-il ?

– Nous avons reçu l'ordre d'identifier la propriétaire de cette sandale, déclara le chef de la patrouille. Dans ce village, il ne nous reste plus qu'une seule maison à visiter, au bout de cette rue.

– C'est celle du scribe des troupeaux, révéla le fils du maire, qui avait reconnu la sandale de Nitocris.

– A-t-il une fille ?

– Non, un garçon. Mais qui vous a donné cet ordre ?

– Pharaon en personne. Bon, on doit continuer ; et s'il faut explorer tout le pays, on n'a pas fini !

– Je vous souhaite bonne chance.

– Merci, mon garçon.

Les policiers s'en allaient lorsque Nitocris sortit de chez elle, un rouleau de papyrus à la main. Sa beauté attira le regard du gradé.

– Cette jeune fille-là, elle est d'ici ?

– Non... Je ne sais pas... bredouilla le fils du maire.

– Dis donc, toi, ne chercherais-tu pas à la cacher ?

– J'avais peur pour elle, c'est vrai !

– Disparais, mon gaillard ! Sinon, je t'arrête pour mensonge et entrave à l'enquête !

Le fils du maire courut se réfugier chez lui. Le policier se dirigea vers Nitocris.

Nitocris tremblait.

Comment aurait-elle pu imaginer les splendeurs du palais royal ? Après avoir traversé des jardins peuplés de tamaris, de sycomores et de palmiers, elle avait été conduite dans une salle à colonnes peintes en vert et en bleu. Sur le sol, des carreaux de faïence représentaient des lotus ; sur les murs, des peintures délicates évoquaient le vol des hirondelles et des canards sauvages.

Et il apparut.

À son allure, à son collier d'or, à ses bracelets d'or aux poignets, à son regard fier et perçant, ce ne pouvait être que lui : le pharaon d'Égypte.

Nitocris croisa les bras sur sa poitrine et s'agenouilla.

Il la prit tendrement par la main et la releva.

– Comme tu es belle, Nitocris ! Pardonne mon incrédulité, mais je veux vérifier moi-même. Chausse cette sandale, je te prie.

Nitocris glissa son pied nu dans la sandale.

– C'est bien celle que le faucon m'a apportée... Et c'est bien toi, Nitocris au teint de rose, que les dieux ont désignée. Acceptes-tu de devenir ma grande épouse royale, Nitocris ?

Le regard amoureux de la jeune femme répondit pour elle.

– Tu régneras sur l'Égypte, Nitocris, et je ferai bâtir pour toi une pyramide qui immortalisera notre amour et fera rayonner ton nom dans les siècles des siècles.

POSTFACE

La littérature de l'Égypte ancienne est très riche. Les textes étaient écrits sur des supports variés, tels le papyrus (l'ancêtre de notre papier), la pierre, le bois, le cuir. Et les murs des temples et des tombes, que les Égyptiens appelaient les « demeures d'éternité », sont couverts de signes composant la langue de l'ancienne Égypte, les hiéroglyphes, à savoir les « paroles (ou les bâtons) de Dieu ».

Ces signes étaient une langue divine qui avait été révélée aux hommes par le dieu Thot ; et les hiéroglyphes étant considérés comme des êtres vivants, porteurs de magie, il fallait en prendre le plus grand soin.

L'Égypte des pharaons accordait une grande place aux écrivains dont les œuvres étaient recopiées par les scribes et lues dans les écoles ; le rôle des écrivains, en effet, était de transmettre aux générations futures l'enseignement des générations passées et les traditions sur lesquelles reposait la civilisation.

Dans ces *Contes et Légendes du temps des Pyramides*, les auteurs anciens dont nous nous sommes inspiré pour écrire une version moderne évoquent de grands pharaons qui sont les héros d'aventures insolites. Le roi d'Égypte doit retrouver le bijou d'une jolie rameuse, faire renaître la crue sans laquelle son pays serait condamné à la famine ou bien rechercher la meilleure manière de construire sa pyramide. Ne trouve-t-on pas aussi, avec la belle Nitocris, l'origine de notre conte *Cendrillon* ?

Quelle que soit la difficulté rencontrée, le pharaon doit relire les livres anciens et faire appel à la magie. Cette magie n'est pas une illusion, mais un moyen de déchiffrer l'invisible et de percevoir les intentions des divinités.

Car, dans l'univers des anciens Égyptiens, l'invisible est partout présent ; c'est pourquoi le dieu Anubis peut prendre la forme d'un chien, c'est pourquoi ceux qui commettent le mal ne peuvent pas se cacher bien longtemps et sont finalement punis, c'est pourquoi il est indispensable, comme le fait le marin du conte, de partir à la découverte d'une île enchantée.

Pour entendre la voix des divinités, il faut respecter la nature, aimer les animaux, chercher à comprendre le cœur d'autrui et privilégier, en toutes circonstances, la vérité au mensonge, et la justice à l'injustice.

Ces contes, où les divinités côtoient sans cesse les humains, nous révèlent une manière de vivre et de penser. Grâce aux anciens conteurs, l'univers de l'Égypte ancienne nous devient très proche, et nous apparaît lumineux et joyeux.

Et grâce à ces contes, éternellement jeunes et indémodables, il nous est possible de vivre, l'espace de quelques pages, au temps des pyramides.

BIOGRAPHIE

Christian Jacq est né à Paris en 1947. Après des études de lettres, de philosophie, d'histoire ancienne et d'archéologie, il mène une double carrière de romancier et d'égyptologue.

Couronné par l'Académie française pour son essai *L'Égypte des grands pharaons*, il reçoit le prix Jeand'heurs du roman historique pour *La Reine Soleil* et le prix des Maisons de la Presse pour *L'Affaire Toutankhamon*. Sa trilogie *Le Juge d'Égypte* et son épopée romanesque en cinq volumes, *Ramsès*, l'ont consacré comme l'un des romanciers les plus appréciés du grand public.

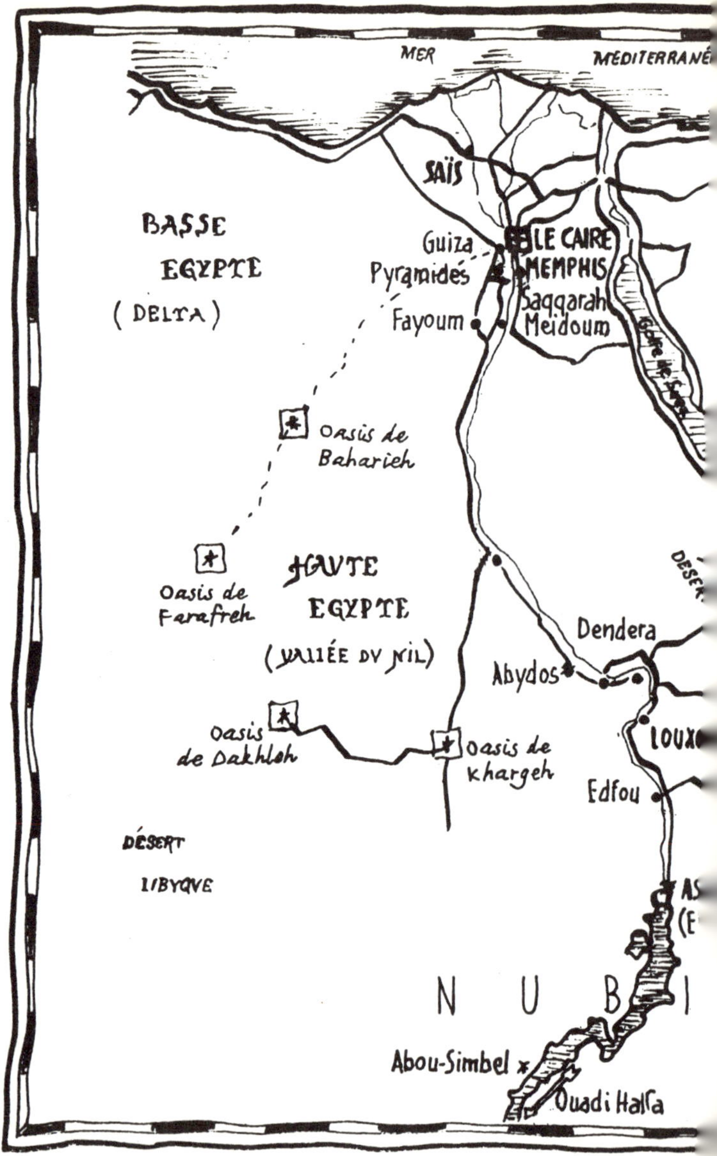
MER
MÉDITERRANÉ
SAÏS
BASSE
EGYPTE
(DELTA)
Guiza
LE CAIRE
Pyramides
MEMPHIS
Saqqarah
Fayoum
Meidoum
Golfe de Suez
Oasis de
Baharieh
HAUTE
EGYPTE
(VALLÉE DU NIL)
Oasis de
Farafreh
Dendera
Abydos
Oasis
de Dakhleh
Oasis de
Khargeh
Edfou
DÉSERT
LIBYQUE
N U B I
Abou-Simbel
Ouadi Halfa

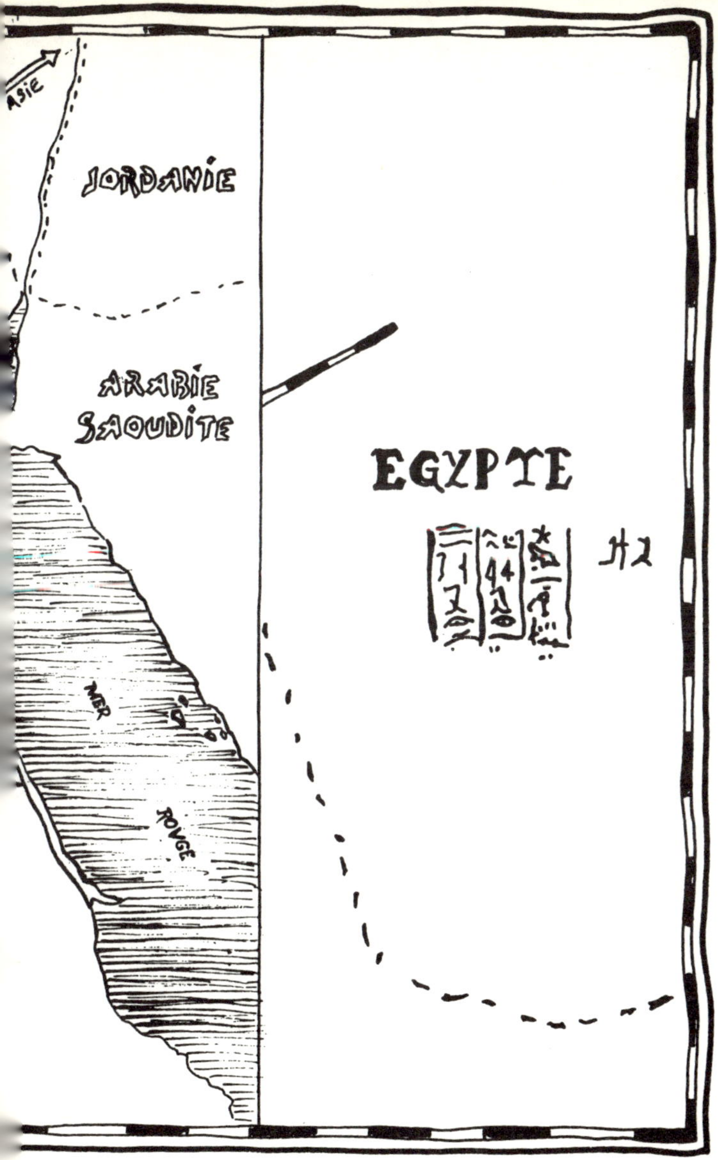
ASIE
JORDANIE
ARABIE
SAOUDITE
EGYPTE
MER
ROUGE

BIBLIOGRAPHIE

Pour une bibliographie relative aux textes utilisés et des traductions scientifiques, on se reportera, notamment, à :

W.K. Simpson, *The Literature of Ancient Egypt. An Anthology of Stories, Instructions and Poetry*, New Haven et Londres, Yale University Press, 1973.

Gustave Lefebvre, *Romans et contes égyptiens de l'époque pharaonique*, Paris, A. Maisonneuve, édition de 1976.

Miriam Lichtheim, *Ancient Egyptian Literature*, vol. I : *The Old and Middle Kingdoms*, University of California Press, 1975.

Pour les faits culturels et les récits à connotation historique dont nous avons utilisé des éléments narratifs, voir

Alessandro Roccati, *La Littérature historique sous l'Ancien Empire égyptien*, Paris, Le Cerf, 1982.

Le modèle du « Serpent de l'île enchantée », le conte dit du « Naufragé », nous est connu par un manuscrit postérieur au temps des pyramides, mais son origine est certainement plus ancienne. Pour une édition hiéroglyphique, une traduction et des commentaires, voir Michel Lapidus, *La Quête de l'île merveilleuse*, Éditions de la Maison de Vie, 1995.

Pour les références relatives à « La sandale de Nitocris », voir Christian Jacq, *Les Égyptiennes*, Paris, Perrin, 1996, p. 47, note.

Parmi les ouvrages du même auteur

L'Égypte des grands pharaons (couronné par l'Académie française), Perrin, 1981.

L'Égypte ancienne au jour le jour, Perrin, 1985.

Le Voyage sur le Nil, Perrin, 1987.

Le Voyage aux pyramides, Perrin, 1989.

La Reine Soleil (prix Jeand'heurs 1989), Julliard et Pocket.

Néfertiti et Akhénaton, le couple solaire, Perrin, 1990.

La Vallée des Rois. Histoire et découverte d'une demeure d'éternité, Perrin, 1992.

L'Affaire Toutankhamon (prix des Maisons de la Presse 1992), Grasset et Pocket.

L'Enseignement du sage égyptien Ptahhotep. Le plus ancien livre du monde, Éditions de la Maison de Vie, 1993.

La Vallée des Rois. Images et mystères, Perrin, 1993.

La Fiancée du Nil (prix Saint-Affrique 1993), Magnard.

Le Juge d'Égypte, Plon et Pocket

* *La Pyramide assassinée*, 1993.

** *La Loi du désert*, 1993.

*** *La Justice du vizir*, 1994.

Initiation à l'égyptologie, Éditions de la Maison de Vie, 1994.

Le Petit Champollion illustré. Les hiéroglyphes à la portée de tous ou Comment devenir scribe amateur tout en s'amusant, Robert Laffont, 1994.

Ramsès, Robert Laffont

* *Le Fils de la Lumière*, 1995.

** *Le Temple des millions d'années*, 1996.

*** *La Bataille de Kadesh*, 1996.

**** *La Dame d'Abou Simbel*, 1996.

***** *Sous l'acacia d'Occident* (à paraître).

Les Égyptiennes. Portraits de femmes de l'Égypte pharaonique, Perrin, 1996.

TABLE DES MATIÈRES

Dans la même collection

Contes et Légendes d'Auvergne,
Jean-Pierre Siméon.

Contes et Légendes de Bretagne,
Yves Pinguilly.

Contes et Légendes autour de la Méditerranée,
Claire Derouin.

Contes et Légendes du temps des Pyramides,
Christian Jacq.

Contes et Légendes de Suisse,
Christophe Gallaz.

Contes et Récits de la conquête du Ciel et de l'Espace,
Christian Grenier.